迷宮招待！異世界への入り口

パラレルワールド・異空間伝説

ようこそ異世界の迷宮へ！

どうぞ、扉を開けてお入りください。

日常のすきまに
ぽっかりとあいた

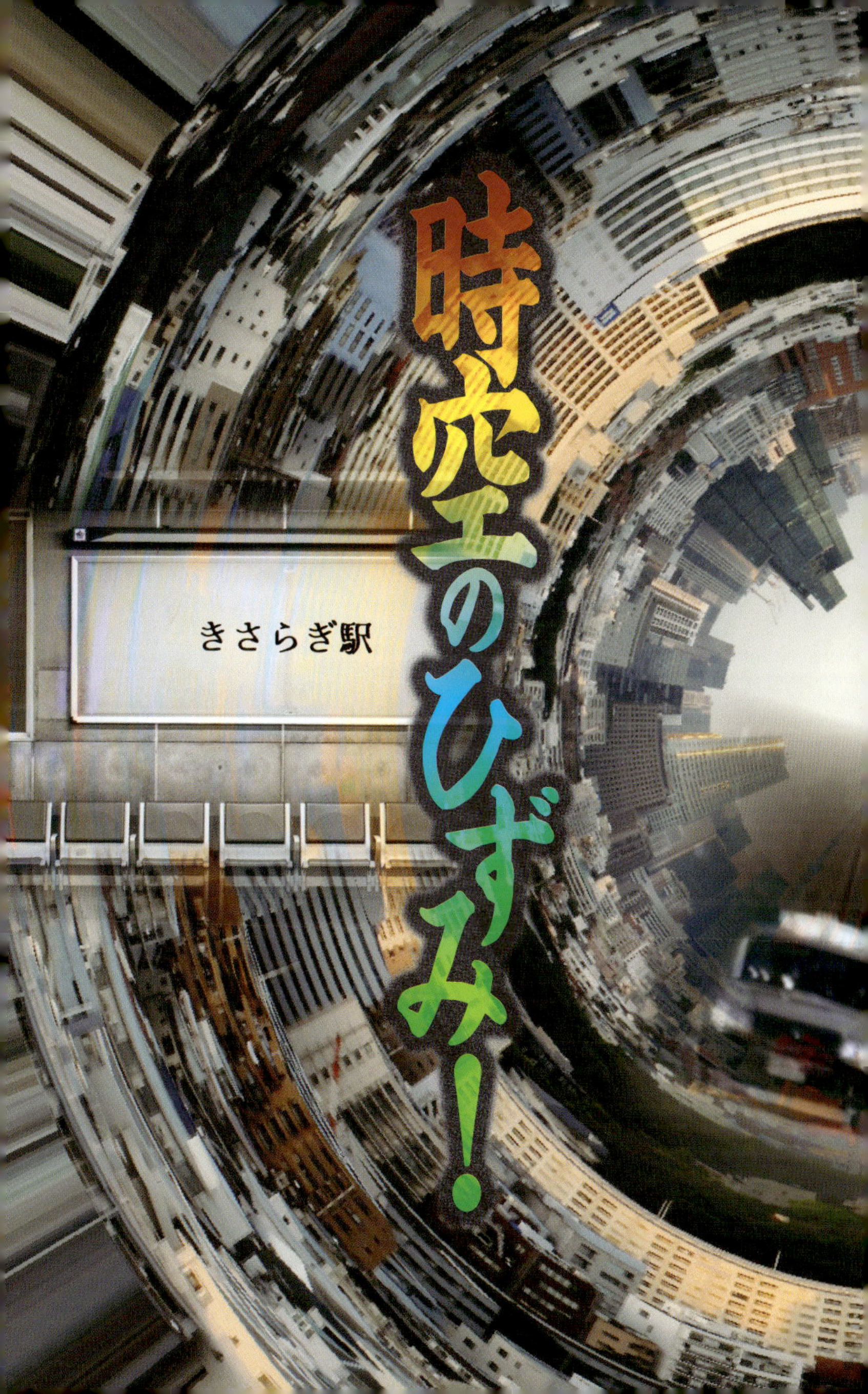
時空のひずみ!
きさらぎ駅

いま見ている世界が
ほんとうに

現実なのか？
考えたことがありますか。

ふと感じる違《い》和《わ》感《かん》とはなんでしょう？

恐《きょう》怖《ふ》はかくれた真実
なのかもしれません。

もくじ

第1章

異《い》空《くう》間《かん》

きさらぎ駅《えき》

存在《そんざい》しない駅

ネット上で人気の話に「きさらぎ駅」があります。2004年から現在《げんざい》に至《いた》るまで多くの人に語り継《つ》がれています。

「はすみさん」なる人物が静岡県のある私鉄を通勤《つうきん》に使っていました。いつもなら10分もかからずにつぎの駅に到着《とうちゃく》するはずの電車が、20分以上どこにも停車《ていしゃ》せずに走り続けています。ようやく駅に到着《とうちゃく》しますが、そこは見たこともない無人駅。時刻《じこく》表もなく、駅員さんもタクシーさえも見あたりません。家族に連絡をしますが、だれにも駅の場所がわかりません。

仕方なく警察《けいさつ》に連絡を取りますが、どう説明していいのかわからず、そうしている間にいたずらだと決めつけられてしまいます。線路に沿《そ》ってどうにか帰ろうとしますが、片足だけの男性に声をかけられたり気味の悪い太鼓《たいこ》の音が聞こえてきたりします。歩き続けて見えてきたトンネルを抜《ぬ》けたところで、親切そうな男性に声をかけられ、車で送ってもらえることになりました。

しかし、途中《とちゅう》で男性の様子もおかしくなり・・・。

広がる体験《たいけん》

実況《じっきょう》スタイルで進行するこの書き込《こ》みには、多くの人が関心を持ちました。「はすみさん」が書き込んだ『きさらぎ駅』を検索《けんさく》する人もあらわれましたが、静岡県の私鉄沿線《えんせん》の駅名でヒットする名前はなかったそうです。また、掲示《けいじ》板を見ていただれもが、「はすみさん」の無事の帰《き》宅《たく》を願って、さまざまなアドバイスを書き込《こ》みました。しかし、これ以降「はすみさん」からの応答《おうとう》はありません。

そして今でもこの『きさらぎ駅』の謎《なぞ》を突《つ》き止めようと、さまざまな角度から検証《けんしょう》している人達もいます。

また近年になって「存在《そんざい》しないはずの駅」に迷《まよ》い込《こ》む人が増えています。2011年にはこの『きさらぎ駅』とよく似《に》た話で「かたす駅」という場所に迷《まよ》い込《こ》んでしまった人の報告《ほうこく》もあります。一説には『きさらぎ駅』のとなりの駅ではないかと言われている場所です。同じく2011年には「やみ駅」「ひつか駅」「すやみ駅」という名前の駅の話もあらわれました。

利用されている沿線《えんせん》もさまざまで、特定の地《ち》域《いき》の私鉄やJR線ではありません。

リアルな共通点

これらの「駅」にまつわる共通点は、

・いつもと同じ電車に乗っていて、気がつくと周囲《しゅうい》に人がいなくなっている。またはほとんどの人が眠《ねむ》っている。

・古びた無人の駅に到着《とうちゃく》する。

・駅名はひらがなで書かれている。

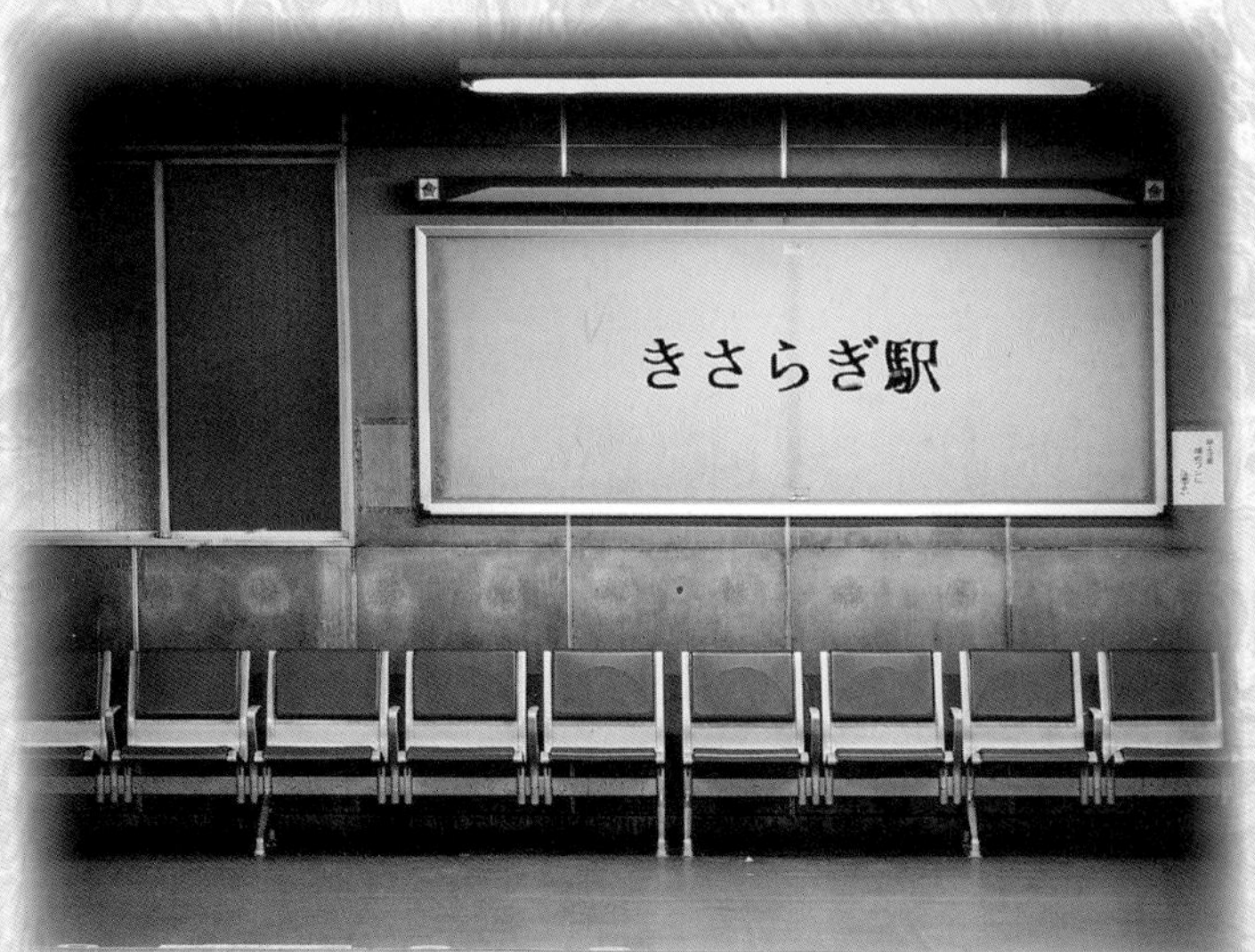

・駅、もしくはその周辺《しゅうへん》で出会う人物との会話は意味不明。
・周囲《しゅうい》に民家や店はない。
・GPSで場所の検索《けんさく》をしてもエラーになってしまう。
・利用している沿線《えんせん》に、そのような駅名は存在《そんざい》しない・・・などです。

あなたが使っているその電車、本当に大丈夫《だいじょうぶ》ですか？
ちゃんと目的地につきますか？
その線路はどこへ向かっているのでしょうか？
もしかして見知らぬ無人駅に到着《とうちゃく》したとしたら・・・。
戻《もど》って来られる保証《ほしょう》はありません。

ドッペルゲンガー

自分の分身が…

自分とそっくり同じ姿《すがた》をした分身・ドッペルゲンガー。ドイツ語で「ドッペル」とは「写《うつ》し・コピー」という意味で、「ドッペルゲンガー」とは「二重の歩く者」という意味です。

自分自身と同じ人物が同時に他の場所に出現する現象《げんしょう》で、目撃《もくげき》例は多く報告《ほうこく》されています。その一例を挙《あ》げてみましょう。

ある時、高校生のAさんが体調を崩《くず》して学校を休みました。その日は英語の小テストがある日だったので、Aさんはとても気になっていました。

翌日《よくじつ》Aさんが学校に行くと、友人達が話しかけてきました。しかし、その内容がAさんとかみ合いません。

「昨日のカラオケ、盛《も》り上がったね！」「うん、まさかAがあの手の曲に詳《くわ》しいとは思わなかったよ」

昨日は学校を休んだとAさんが言っても、友人達は首をかしげるばかり。朝から学校に来ていたし、ちゃんと授業も受けていた。放課後《ほうかご》にはいっしょにカラオケに行って楽しんだではないかと取り合ってくれません。不思議《ふしぎ》なことはまだあります。英語の授業中に先生が返却《へんきゃく》した小テストの答案《とうあん》用紙。その中にAさんの用紙もあったのです。書き込《こ》まれた文字は、確かにAさんの筆跡《ひっせき》でした。でもAさんは英語の小テストを受けていないのです。

さすがに気持ち悪くなったAさんは授業が終わってから英語の先生に訴《うった》えました。「自分は昨日《きのう》、体調を崩《くず》して学校を休んでいる。英語の小テストを受けた記憶《きおく》はないのに、どうして自分の答案《とうあん》用紙がここにあるのか？」と。先生はびっくりした顔をしながら「Aは昨日《きのう》ちゃんと学校に来ていて、自分の授業も受けていた。テストをおこなっている間、何度もAの机《つくえ》の横を通ったからまちがいない。出席簿《ぼ》にも印がついている」と答えました。そして手に持っていた出席簿《ぼ》を見せました。そこにはしっかりとAさんの名前の横に「出席」の印《しるし》がついていたのです。

これはAさんの分身であるドッペルゲンガーが体調を崩《くず》しているAさんの代わりに学校へ行き、テストを受けたとしか考えられない話です。Aさんの分身は授業を受け、友人とカラオケに行き、その後、どこへ消えてしまったのでしょうか。

著名人《ちょめい》も…

作家の芥川龍之介は2度、自身の分身を目撃《もくげき》したそうです。1度目は帝劇《ていげき》で、2度目は銀座でそれぞれドッペルゲンガーを見たと語っており、その経験《けいけん》をもとに「二つの手紙」という作品を書いたと言われています。

このように目撃談《もくげきだん》・体験談《たいけんだん》が多く残されているドッペルゲンガーですが、最も古い記録《きろく》として登場するのは古代ギリシアの数学者であり哲学者《てつがく》でもあるピタゴラスの話です。彼は同じ日の同じ時刻《じこく》にイタリア半島のメタポンティオンとクロトンの2カ所で、大勢《おおぜい》の人に目撃《もくげき》されています。この両所は陸路で204㎞も離《はな》れており、当時の交通手段では簡単《かんたん》に行き来できる距離《きょり》ではありませんでした。

日本でも江戸時代から目撃談《もくげきだん》が記録《きろく》されています。「影の病《やまい》」「影の患(わずら)い」と呼《よ》ばれて体から魂《たましい》が抜《ぬ》けてしまう「離魂(りこん)病」の一種だと考えられていました。アメリカ16代大統領《だいとうりょう》リンカーン、ロシアのエカテリーナ2世も自身のドッペルゲンガーを見たと伝えられています。

インターネットに広《ひろ》がる異世界《いせかい》

現実それとも…

広大なインターネットの中には、時として「異世界に迷《まよ》い込《こ》んだ」「異世界に行く方法がある」「異世界から来たんだけど」などという【異世界】に関係する書き込《こ》みが多数あらわれます。

異世界に迷《まよ》い込《こ》んでしまうときには、何か特別な「前ぶれ」があるわけではなく、ふとした「弾《はず》み」で足を踏《ふ》み入れてしまうようです。

ネット上に書き込《こ》まれた不思議《ふしぎ》な世界をいくつか紹介《しょうかい》しましょう。

不可思議《ふかしぎ》な経験《けいけん》

「自分で夢であると自覚《じかく》しながら見ている夢『明晰夢（めいせきむ）』の一種なのかもしれないが、寝《ね》ている間に平行世界に意識《いしき》だけを5年間飛ばされた。実際の体感時間としては8時間くらいだけど、自分の中では5年の時間が流れていた。周囲《しゅうい》にいる家族や友人、先生なんかは皆《みな》同じ人。しかし、年号は50年単位で区切《くぎ》られていて、明治は1851年から1900年、大正は1901年から1950年、昭和は1951年から2000年、そして平成は2001年から2050年になっていた」

「田舎《いなか》の公園で、壊《こわ》れた噴水《ふんすい》のそばにある標札《ひょうさつ》に貼《は》られた御札《おふだ》のようなものがあって、それを触《さわ》るとピリッと静電気《せいでんき》のようなものが。気がついたらピンクの服を着た集団に囲まれていた。話している言葉は理解《りかい》できず、捕《つか》まりそうになった。飛び跳《は》ねてみたら重力がちがうのかものすごく高くジャンプできた。もう一度御札《おふだ》に触《さわ》るとこちらの世界に戻《もど》ってこれらたが、手には緑色の液体《えきたい》がついていて、周《まわ》りにはポップコーンみたいな柔《やわ》らかくて尖《とが》った物体がたくさん落ちていた」

「異世界からコチラの世界に来たが。もちろん知り合いはだれもいない。わたしの住んでいた部屋はあるけれど、住人は皆《みな》知らない人になっている。食べ物を買おうと店で金を出したら『こんなオモチャのお金は使えない』と言われた。見える文字は全部、裏表《うらおもて》が逆《ぎゃく》の鏡《かがみ》文字になっている。元の世界に帰りたいと思いながら、すでに何年もコチラの世界で暮《く》らしている」

真実の可能《かのう》性

ネット上に書き込《こ》まれる話の中には「作り話」や「夢の話」などが多数存在《そんざい》します。しかし、その中に「真実の体験《たいけん》」が隠《かく》れている可能《かのう》性《せい》は否定《ひてい》できないのです。

いつもと同じ帰り道の途中《とちゅう》で、買い物に出かけたお店の中で、毎日通っている学校の中で、ある日目が覚めると・・・。

自分の知っている世界とはどこかちがう、だれも知っている人のいない、言葉の通じない異世界に迷《まよ》い込《こ》んでしまうかもしれません。

そして、あなたがよく知っていると思っている「だれか」も、もしかしたら【異世界の人】なのかもしれません。最近、行動や性格《せいかく》が変わってしまった知り合いはいませんか？　あなたの知らないうちにその知り合いは【異世界】の住人と入れ替《か》わってしまっているのかもしれません。

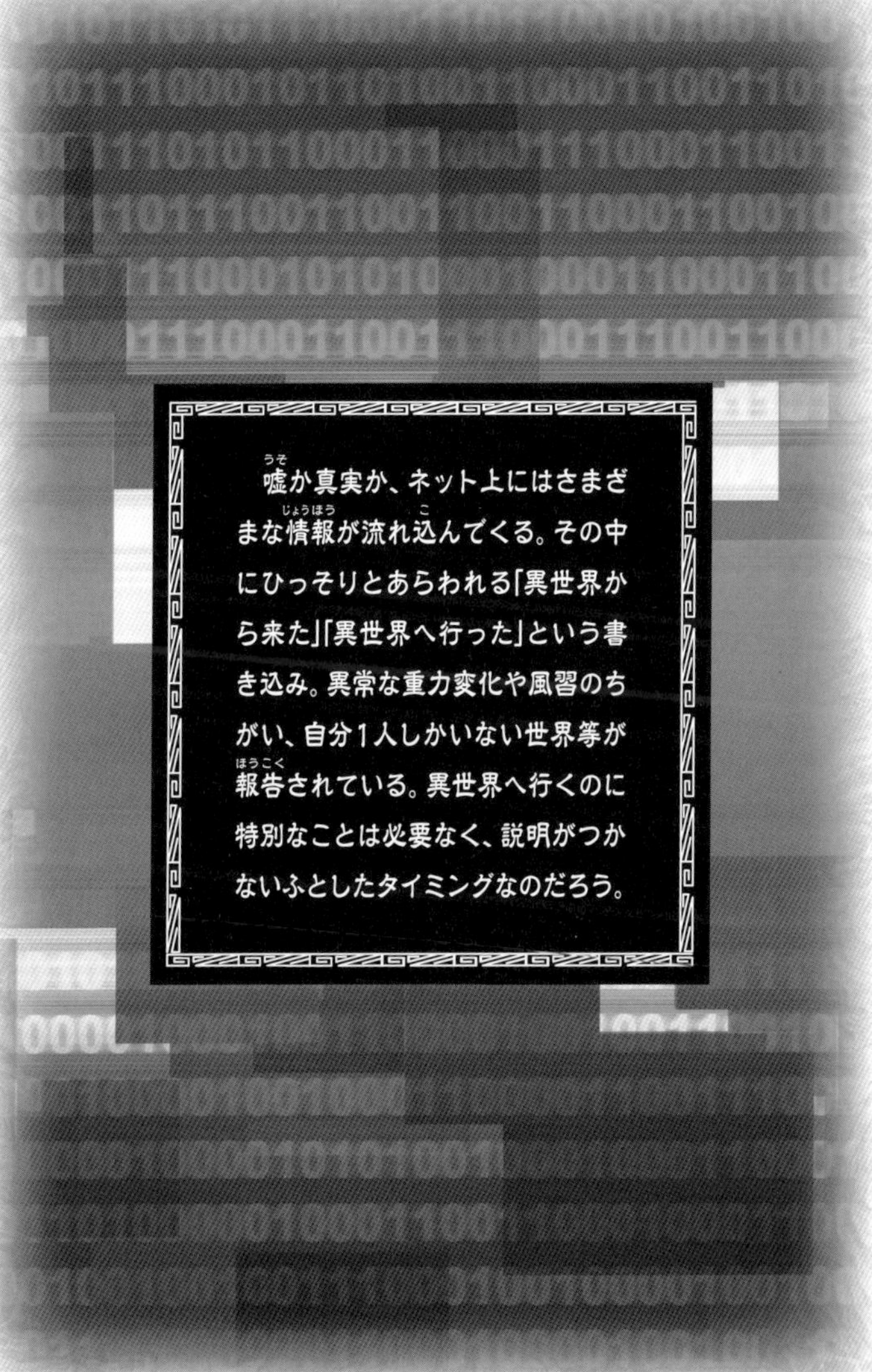

嘘《うそ》か真実か、ネット上にはさまざまな情報《じょうほう》が流れ込《こ》んでくる。その中にひっそりとあらわれる「異世界から来た」「異世界へ行った」という書き込み。異常な重力変化や風習のちがい、自分1人しかいない世界等が報告《ほうこく》されている。異世界へ行くのに特別なことは必要なく、説明がつかないふとしたタイミングなのだろう。

ディストピア

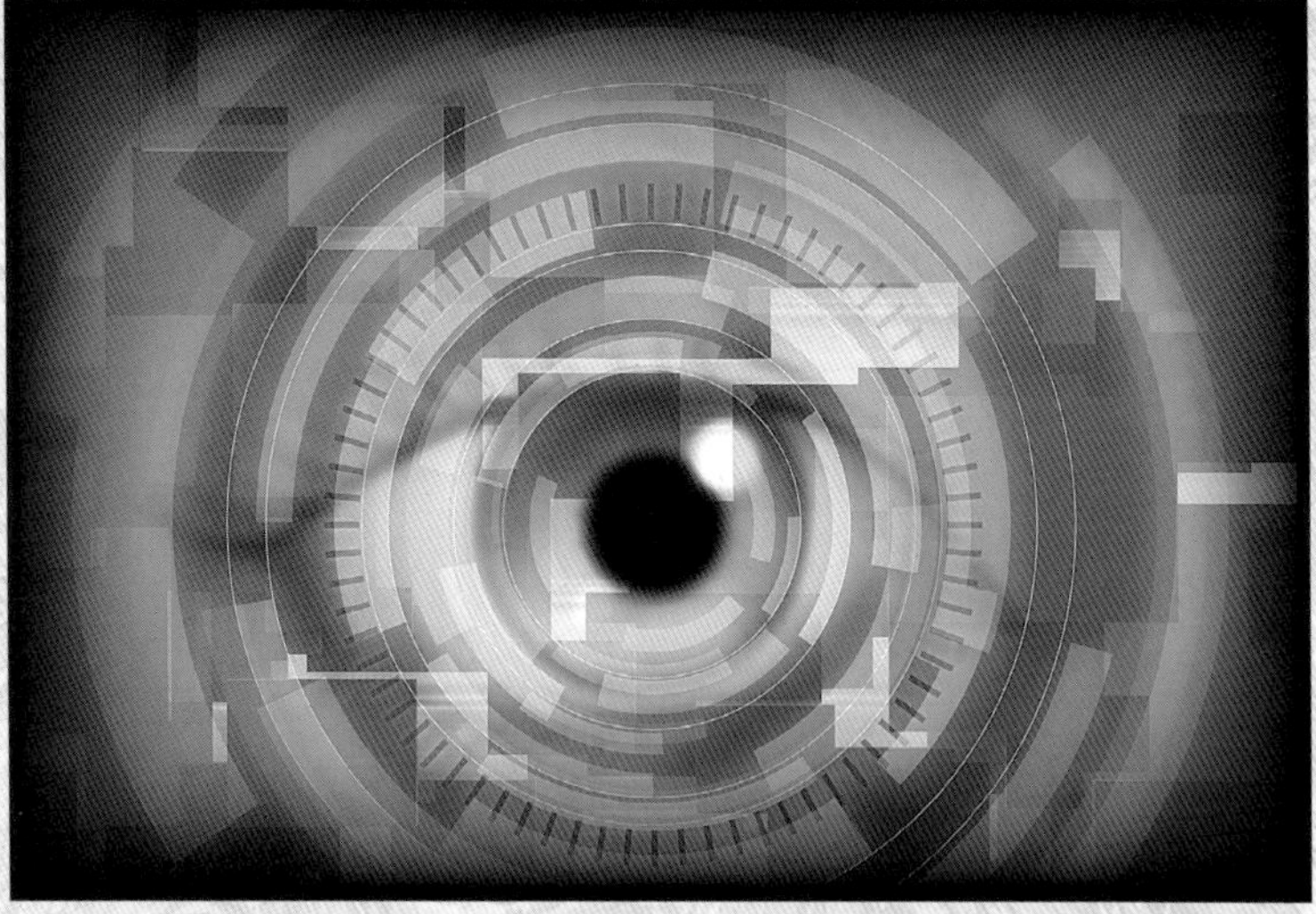

完全なる世界

聞き慣《な》れない言葉かもしれません。この「ディストピア」という言葉は「ユートピア（理想郷《りそうきょう》）」の対《たい》極《きょく》に位置する世界をあらわす言葉です。そのために「アンチ・ユートピア」とも言われます。

その世界は貧富《ひんぷ》の差がなく、争《あらそ》いごとのない秩序《ちつじょ》正しい完璧《かんぺき》な世界として描《えが》かれます。これだけを見れば、その社会に生きる人々はとても幸せで、なぜ「アンチ・ユートピア」などと言われるのか不思議《ふしぎ》に感じることと思います。しかしその実体は徹底《てってい》的に管理《かんり》され、個人の意見や都合《つごう》などは完全に無視《むし》されてしまう異様な世界です。そこには人間性や愛情といった「不安定」なものは存在《そんざい》しません。人間の持つ「感情」や「愛情」といったものは時としてゆらぎ、状況《じょうきょう》によって変化するものだからです。

ディストピアの生活

この「ディストピア」は多くの作家や映画監督《かんとく》によって小説・映画にもなっています。「機械《きかい》じかけのオレンジ」や「アンドロイドは電気羊の夢を見るか」などに代表される「アンチ・ユートピア」に住む人々は、いったいどのような生活をしているのでしょうか。

たとえば、国民1人ひとりが各自専用の端《たん》末《まつ》を持ち、1日の生活を決められたスケジュール通りに暮《く》らしていきます。学生は学校と自宅の往復《おうふく》しか許《ゆる》されず、寄《よ》り道をしてカラオケをしたり、ショッピングをしたりすれば端末《たんまつ》につながれたコンピュータによって管理センターに通報《つうほう》され、つかまってしまうかもしれません。年齢《ねんれい》をごまかしてゲームセンターにでも行こうものなら、たちまち「反社会的人間」にされてしまいます。同年代の人としか会話できず、決められたことに逆《さか》らうこともできず、まずは社会の「決められたルール」に従《したが》うことを強制されます。着るもの、食べるもの、読むもの、見るもの、すべてを厳格《げんかく》に管理された社会。

もしかしたら天候《てんこう》や気象現象《きしょうげんしょう》まで管理されているかもしれません。決められた時間以外の外出は認《みと》められず、また外出できる範囲《はんい》も年齢《ねんれい》によって制限《せいげん》され、各人の能力《のうりょく》によって職業《しょくぎょう》も決められてしまいます。

一見、合理的で清潔《せいけつ》で平等な世界。しかし「自由」という考えは「悪」で、自分で考える必要さえない社会。そして一度「悪」と判断《はんだん》されれば、それを取り消すことはできない・・・。ディストピアが「アンチ・ユートピア」と表現される理由です。

理想《りそう》の社会とは、効率《こうりつ》がよく合理的でありさえすれば何をしても許《ゆる》され、個人の意見や都《つ》合《ごう》は社会にとって必要ないという世界。それがディストピアなのです。

◆機械《きかい》じかけのオレンジ

アンソニー・バージェス（イギリス）によるSF小説。近未来のロンドンを舞台《ぶたい》に退廃《はいたい》した未来社会の様子を描《えが》いた風刺《ふうし》作品。個人の感情さえもコントロールしようとする政府、汚職《おしょく》のはびこる行政、歪《ゆが》みきった社会を皮肉《ひにく》たっぷりに描《えが》いた作品。映画化はスタンリー・キューブリック監督《かんとく》により1971年公開（ワーナーブラザーズ）。

◆アンドロイドは電気羊の夢を見るか？

フィリップ・K・ディック（アメリカ）によるSF小説。第三次世界大戦後のサンフランシスコが舞台《ぶたい》。主人公は人造人間の廃棄処理《はいきしょり》が生活の糧《かて》であるが、人間らしい人造人間に接する中で、次第《しだい》に人間と人造人間の区別《くべつ》をつけられなくなってゆく。「人間とは何か？」「人間と人工知能のちがいとは？」という疑問《ぎもん》を問いかける作品。

時空《じくう》を超《こ》えた光景《こうけい》

近未来の光景《こうけい》なのか

ある年配のご婦人は子供のころに見た白昼《はくちゅう》夢《む》の中で、道行く人が小さな箱のような物を耳に当ててしゃべっている様子を見たり、薄《うす》い板に映像《えいぞう》が映《うつ》し出されている様子を見たりしたと言います。高校生のお孫《まご》さんが携帯《けいたい》電話やパソコンを使っているのを見て、「これと同じ物を夢の中で見たことがある」とビックリしていたそうです。

中学生のKさんは幼稚園《ようちえん》生のころ、不思議《ふしぎ》な光景《こうけい》を目にしていました。

目の前の異世界

両親といっしょに出かけたKさんは、デパートの屋上遊園地《おくじょうゆうえんち》に連れて行ってもらいました。ゲームコーナーで遊んだ後、お昼ご飯の前に、お母さんと1階《かい》下のトイレに向かいました。トイレの入り口でお母さんに待っていてもらい、しばらくしてトイレから出ると、待っているはずのお母さんの姿《すがた》が見あたりません。先に屋上《おくじょう》に戻《もど》ってしまったのかもしれないと思い、お母さんを呼《よ》びながら屋上《おくじょう》へ向かう階段《かいだん》を昇《のぼ》って行きました。ドアを開けて屋上《おくじょう》へ出た瞬間《しゅんかん》、Kさんは目の前に広がる強《きょう》烈《れつ》な光景《こうけい》に驚《おどろ》いてしまいました。

幼《おさな》いKさんの目に飛び込《こ》んできたのは、ひび割《わ》れたコンクリート、錆《さ》びてボロボロになり、原型を留《と》めていない遊具、真っ赤に毒々《どくどく》しく燃える空。ほんの10分前までは家族連れの楽しそうな声が響《ひび》いていた屋上《おくじょう》は、だれもいない廃墟《はいきょ》に変わっていました。熱をもって吹《ふ》きつけてくる風に肌《はだ》がヒリヒリします。

「おとうさん、おかあさん、どこ！」

Kさんは泣《な》きながら大声で両親を呼《よ》び、屋上《おくじょう》遊園地《ゆうえんち》をあちこち探し回りました。崩《くず》れかけたフェンスの側まで恐《おそ》る恐《おそ》る近づくと、デパートの下に広がる町並みが見えました。そこにはビルも家もなく、ただ赤茶色に焼《や》けた大地が広がっているだけでした。おそろしくなったKさんは、走って先ほどのトイレに戻《もど》ると、しゃがみこんで震《ふる》えていました。

どのくらいそうしていたでしょうか・・・。おびえるKさんの耳に、ドアをノックする音が聞こえました。

「大丈夫《だいじょうぶ》？　気持ち悪くなっちゃったの？」

ドアの外から聞こえてくるのはお母さんの声です。Kさんが震《ふる》える手でカギをはずしてドアを開けると、そこには心配そうな顔をしたお母さんが立っていました。お母さんの顔を見て安心したKさんは、その場でわんわんと泣《な》き出してしまったそうです。お母さんに手を引かれて戻《もど》った屋上《おくじょう》は変わったところなど何もなく、ベンチに座ったお父さんも笑って手をふっていました。

地《ち》球《きゅう》空《くう》洞《どう》説《せつ》

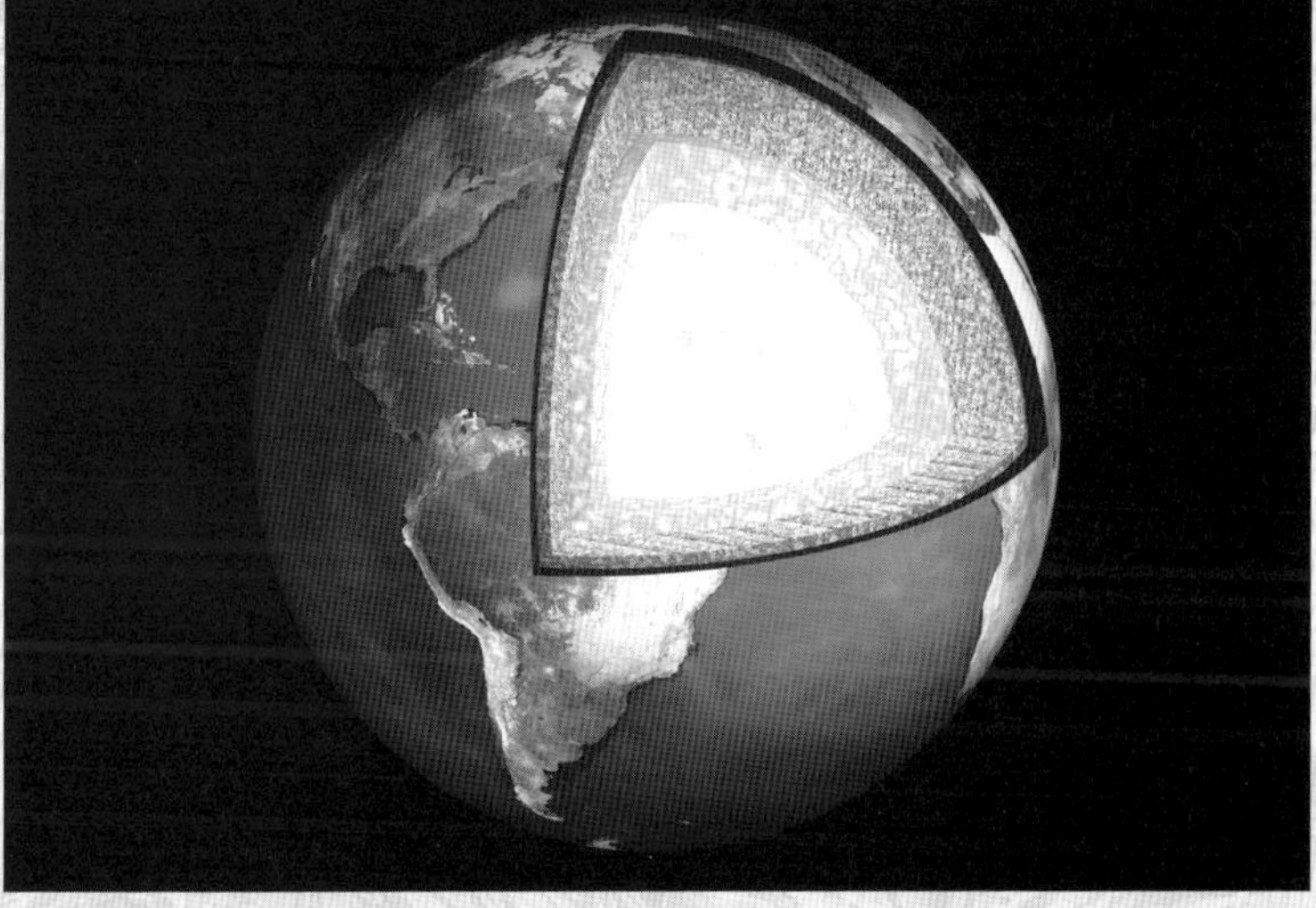

仮説《かせつ》か現実か？

地球は表面を「地殻《ちかく》」という卵の殻《から》のような地表に覆《おお》われ、その下には「マントル」と呼《よ》ばれる岩石の層《そう》が続いています。そして地球の中心には「核《かく》（コア）」という超《ちょう》高温の溶《と》けた金属《きんぞく》が存在《そんざい》しています。

ところが、世界中には古代から「地球の内部は中身のつまった球体ではなく空洞《くうどう》であり、別の世界につながっている」という説がありました。古代の学者達は地球の内部には地下世界があり、そこには生物が存在《そんざい》していると信じていました。この説はイタリアの物理学者であり天文学者でもあるガリレオなどによって提唱《ていしょう》され、後の世の学者達によってさまざまな仮説《かせつ》に発展《はってん》しました。

ハレー彗星《すいせい》にその名前を冠《かん》されたイギリスの天文学者、エドモンド・ハレーはイギリス学士院で「地球内部は明るく、おそらく人間が居住可能《きょじゅうかのう》な空間である」と発表しました。またスイスの数学者であるレオンハルト・オイラーは「地球の内部には高度な文明を照《て》らす直径100㎞ほどの輝《かがや》く星が存在《そんざい》する」とし、北極《きょく》と南極《きょく》にそれぞれ内部への入り口があると考えられていました。さらにアメリ

カ陸軍の大尉《たいい》であったジョン・クリーブス・シムズは「地球は厚さ8マイル（1300㎞）、北極南極《きょく》《きょく》に直径《ちょっけい》1400マイル（2300㎞）の開口部があり、5層《そう》に分かれた同心球が存在《そんざい》する。地表の海はそのまま裏《うら》側にまで続いている」としました。その後シムズは、1828年にロシア皇帝《こうてい》から北極《きょく》探検隊の隊長就任要請《しゅうにんようせい》を受けました。しかし翌《よく》年1829年にシムズが死亡してしまったことで、この計画には参加できなくなってしまいました。今でもアメリカ・オハイオ州ハミルトンにはシムズが唱《とな》えた地球空洞《くうどう》説を記念する碑《ひ》が建っています。

異界《いかい》の伝承《でんしょう》

この地球空洞説《くうどうせつ》は世界の宗教《しゅうきょう》や神話で考えられる「地獄《じごく》」や「黄泉《よみ》の国」との密接《みっせつ》な関係があると考えられています。有名なところでは古代ローマの詩人ウェルギリウスに導かれて地獄《じごく》をめぐったダンテの「神曲」、連れ去られた娘《むすめ》を取り戻《もど》すために冥界《めいかい》へおもむいたギリシア神話の「ペルセポネの冥界《めいかい》下り」、愛する女性を追いかけ、再び失うことになる「オルフェウスの冥界《めいかい》下り」、殺され切り刻《きざ》まれた夫オシリスの体を求めて地下世界をさまよったエジプト神話「イシスの冥界訪問《めいかいほうもん》」があります。また日本にも火の神を産んだために死んでしまった妻《つま》イザナミを探して黄泉《よみ》の国へ向かう、イザナギの話が伝わっています。このように「地下には地上と同じく人や生物が住み、建造物がある」とする考えははるか古代から受け継がれているのです。

地球の内部には地上と同様の球体、もしくは地表の凹《おう》面部分に生物が生存《せいぞん》するための空間があり、建造物も存在《そんざい》する「地球空洞説《くうどうせつ》」。今でも各地で「地底人を見た」などの報告《ほうこく》があることから、この説を根強く支持《しじ》する人々がいる。万有《ばんゆう》引力の法則により「物理的にあり得ない」と言われているが、興味《きょうみ》はつきない。

神《かみ》かくし

世界共通の現象《げんしょう》

ある日、ある時、突然《とつぜん》に、それまでそこにいた人物が姿《すがた》を消してしまう現象《げんしょう》「神かくし」。日本に限《かぎ》らず、世界中で報告《ほうこく》されています。また「消えてしまう」人物に共通性はなく、年齢《ねんれい》もさまざまです。ヨーロッパでは生まれて間もない赤ちゃんが消えてしまうこともあり、これを「妖精《ようせい》に隠《かく》された」と言いました。また、あまりにも可愛《かわい》い赤ちゃんが生まれると、妖精《ようせい》が嫉妬《しっと》してみにくい妖精《ようせい》の子供と取り替《か》えてしまうとも信じられていました。「チェンジリング（妖精《ようせい》の取り替《か》え子)」と呼《よ》ばれ、この赤ちゃんに真っ赤に熱した火かき棒《ぼう》を突《つ》き立てれば、自分の子供が戻《もど》って来ると伝えられています。

遠野物語にも

民俗《みんぞく》学者である柳田國男の著書《ちょしょ》「遠野物語」には、つぎのような話が掲載《けいさい》されています。

岩手県上閉伊郡松崎村(現在の遠野市)寒戸という土地にいた7~8才になる娘《むすめ》が、ある日、庭の梨《なし》の木の下に草履《ぞうり》と人形を残して姿《すがた》を消してしまいます。どこを探しても見つからず、家族は娘《むすめ》が死んでしまったものとして、残された人形を娘《むすめ》に見立てて葬式《そうしき》をおこないました。それから30年後、親戚《しんせき》たちが娘《むすめ》の法要《ほうよう》のために集まっているところへ、見知らぬ老婆《ろうば》がボロボロの身なりでやってきました。親戚《しんせき》たちが老婆《ろうば》に「お前はだれだ? 一体どこからやって来たのか?」と尋《たず》ねますと、自分は昔この家からいなくなった娘《むすめ》本人だと語りました。驚《おどろ》いた人々が家にあげようとしますが、老《ろう》婆《ば》は「みんなが元気で暮《く》らしているならそれでいい。自分は山に帰らなくてはいけないから、ここにはいられない。みんなの顔を見られて、心残りはない」と言い残して去っていったそうです。その日は風の強かったので、遠野ではそれ以来、強風の日は「こんなに風の強い日は寒戸の婆《ばば》が帰ってくる」と子供たちに早く家に帰るように言うそうです。

空間からの出現

このように「神かくし」では消えてしまった人物が成長して姿《すがた》を表す例が多く伝えられていますが、稀《まれ》に消えてしまった姿《すがた》のままで戻《もど》って来ることもあるようです。また、消えた場所から遠く離《はな》れた場所で発見されたという報告《ほうこく》もあります。

アフリカに住んでいた少年が、突然姿《とつぜんすがた》を消してしまいます。人々は「きっと荒野の獣《けもの》に食われてしまったにちがいない」と、あきらめました。しかしそれから数年後、その少年は海を越《こ》えてカナダのある町に姿《すがた》をあらわしました。その場にいた人達の証言《しょうげん》によれば、少年は「何もない空間からいきなりあらわれた」ように見えたそうです。驚《おどろ》く人々に少年は「自分はアフリカの○○という場所に住んでいた××という者だ。ここはどこなのか？」と話しかけたといいます。少年は姿《すがた》を消した時から成長した姿《すがた》であらわれ、知らないはずの国の言葉をはっきりと話すことができました。しかし、消えていた数年分の記憶《きおく》がなく、いったいどこで何をしていたのか、どうやって暮《く》らしていたのか、なぜ他の国の言葉を話せたのか、それらの質問には一切答えることができなかったそうです。

日本の場合、貧困《ひんこん》や天災《てんさい》などによる飢饉《ききん》の際に山に捨《す》てられる子供も多かった。それを「神かくし」「天狗《てんぐ》の仕業」「山姥《やまんば》が連れて行った」とする事で、人には手が出せない「仕方のない事」と考える事が出来た。そのため、消えた子供が戻《もど》って来ると「害悪《がいあく》を連れてくる」と恐《おそ》れられることもあった。

さまようセカイ

過去を変えようと奔走《ほんそう》する1人の少年。
気がつくと異空間のループに迷《まよ》い込《こ》んでしまう。
そして・・・。

■5年前のあの日

ボクには4歳《さい》年下の弟がいる。弟はもう5年も入院したままだ。小学校入学を間近に控《ひか》えた頃《ころ》、幼稚園《ようちえん》の帰り道に交通事故《じこ》に巻《ま》き込《こ》まれてしまった。その時のケガがもとで、意識《いしき》が戻《もど》らなくなってしまったんだ。

当時9歳《さい》だったボクも、今年で14歳《さい》。中学2年生になった。だけど、弟・クニアキの時間は5年前で止まったまま。病院のベッドに横たわったその体は、小さく、白く、細く、痛々《いたいた》しかった。

こちらから話しかけても反応はなく、開いたままの目は時々思い出したように瞬《まばた》きをするだけだ。たくさんの管につながれ、機械《きかい》によって生かされている。

父さんも母さんも、弟の入院費用を稼《かせ》ぐために昼も夜も働いていて、ボクは1人で家にいることがあたり前になっていた。

いつか弟が元気になって、家族みんなで笑いながら夕飯を食べる事ができる。そんな小さな幸せを夢見ていた。

それが2カ月前、いきなり壊《こわ》れてしまった。5年頑張《がんば》ったクニアキの容体《ようたい》が急変し、あっという間に死んでしまった。母さんはクニアキの死を受け入れられず、家事も何一つできず1日ぼんやりと座って過ごすようになってしまった。事故《じこ》の時だって、自分は軽症《けいしょう》で助かってし

迷宮招待！異世界への入り口 さまようセカイ ①

さまようセカイ ①

まったことにずっと苦しんでいたのに。クニアキはきっと元気になる。そう思って頑張《がんば》ってきた母さんの精神《せいしん》の糸は「プツンッ」と音を立てて切れてしまった。

そして、父さんと母さんは離婚《りこん》して、母さんは実家に、ボクは父さんといっしょに暮《く》らすことになった。

どうしてこんなことになったんだろう？　ボクはどうすれば良かったんだろう？

あの時、クニアキが事故《じこ》に巻《ま》き込《こ》まれたりしなければ、家族で笑い合って、楽しく毎日を暮《く》らしていたはずなのに。できることなら、5年前のあの日に戻《もど》って全部を無かったことにしてしまいたい・・・。

大きくもないカバン1つを持って家を出て行く母さんの後ろ姿《すがた》を見ながら、ボクは自分の無力をかみしめていた。

■時空のゆがみ？

ボクの家族の事情《じじょう》など関係なく、毎日はいつものように過ぎていく。

「ただいまー」

学校から帰って玄関《げんかん》のドアを開ける。だれの声も、姿《すがた》もない。そんなことは慣《な》れっこだ。今

さまようセカイ①

さまようセカイ①

までだって、ずっとそうだったんだから。ただちがうのは、夕方になっても母さんの「ただいま、すぐに夕飯つくるからね」という声が聞こえないってことだけだ。

ため息をついて、ボクは自室へ向かう階段《かいだん》を上りはじめた。あと1段《だん》で上り切るという時、手から家の鍵《かぎ》が滑《すべ》り落ちた。

「あっ・・・！」

とっさに体をひねって鍵《かぎ》をつかもうとした瞬間《しゅんかん》、ボクの体はバランスを崩《くず》して宙《ちゅう》に浮《う》いた。

時間の流れが何倍にも引き伸ばされたような感覚。ゆっくりと両脇《りょうわき》の壁《かべ》が流れていくのが見える。つぎに襲《おそ》い来るであろう衝撃《しょうげき》におびえ、ボクは強く目を閉じた。

ところが、いつまで経っても予想していた衝撃《しょうげき》は襲《おそ》ってこなかった。おそるおそる目を開くと、ボクは自分が町角に立っていることに気がついた。あわてて全身をあちこち触《さわ》ってみる。どこも痛《いた》くない。確かに家の中にいたはずなのに。手にしていたカバンがなくなっている。玄《げん》関《かん》で脱《ぬ》いだはずの靴《くつ》を履《は》いている。どういうことなんだ？　いきなり放り出された状態《じょうたい》に頭がついていかない。部活が終わってから帰宅《きたく》したから、もう周囲《しゅうい》は薄闇《うすやみ》に包《つつ》まれていてもいい時間のはずなのに、太陽の位置がおかしい。

本当に、どうしてしまったんだろう？

ポケットを探ると、スマホの感触《かんしょく》に気がついた。取り出してみるとアンテナの表示部分には「圏外《けんがい》」の文字。だけど日時を確認《かくにん》することはできた。表示されている文字は「2010年3月5日08時07分」。

「え、どういうこと？」

思わず声に出す。今は2015年の10月5日のはず。どうして5年も前の日付になっているんだ？　とにかく、家に帰ろう。帰ってどうなるってわけでもないだろうけど、それしか思いつかなかった。

幸い、今自分がいる場所はわかっていた。毎日使っている通学路だ。あのカーブミラーにも、この看板《かんばん》にも見覚えがある。そうやって辺りを見回していて、些細《ささい》な違和感《いわかん》に気がついた。

ここの角にあるクリーニング屋さんは、3年前に閉店したはずだ。それに、この家の庭に咲《さ》いている花。今日の帰りにも見た記憶《きおく》がある。春になると満開の花で彩《いろど》られるこの庭は、さっきまで確かに何も咲《さ》いていなかったはずだ。

「と、とにかく、家に帰るんだ。考えるのはそれからでも・・・」

ボクはスマホをポケットにしまうと、震《ふる》える足を動かして1度は帰ったはずの自宅を目指して歩きはじめた。

さまようセカイ ①

自宅は変わらずそこにあった。ボクはホッとして足を早める。

その時、となりの家から1人の女性が出てくるのが見えた。思わず近くにあった電柱の影《かげ》に隠《かく》れる。どうしてだかわからないけれど、今、だれか知り合いに姿《すがた》を見られるのはマズいような気がしたのだ。

出てきたのは、その家に住んでいるお姉さんだった。でもお姉さんは、去年の夏に結婚して遠方へ引っ越《こ》していったはずではなかったか？ 電柱の影《かげ》からのぞいている間に、彼女はガレージにある車に乗り込《こ》むとどこかへ出かけて行ってしまった。その車を見送りながら、ボクの頭の中に1つの考えが浮《う》かびあがってきた。

「いや、でも、そんなことは・・・」

ゆっくりと移動《いどう》し、そっと自宅のリビングに面した窓《まど》から家の中をのぞいてみた。この時間なら、まだ家にいるはずだ。母さんと・・幼稚園《ようちえん》に通っていた弟のクニアキが。

家の中からにぎやかな笑い声が聞こえてくる。バタバタと走り回る足音。それを追いかけて、幼稚園《ようちえん》の制服《せいふく》を着せようと奮闘《ふんとう》する母さんの声。ボクの目には、楽しそうに笑いながら登園の準備《じゅんび》をする弟の姿《すがた》が映《うつ》った。

やはり今日は、2010年の3月5日。クニアキが事故《じこ》に巻《ま》き込《こ》まれてしまった【あの日】だ。

さまようセカイ ①

さまようセカイ①

「今日はパパがランドセル買ってきてくれるんだよね？」

嬉《うれ》しそうな弟の声。見つめているボクの目に涙《なみだ》が浮《う》かんできた。

「そうよ、クニ君が小学校に行くときに使うランドセル、パパが買ってきてくれるのよ」

母さんの声も楽しそうだ。

「さ、幼稚園《ようちえん》バスが来ちゃうからね。早く準備《じゅんび》しちゃいましょう」

その声に反射《はんしゃ》的にリビングの時計に目をやる。時間は8時25分。あと5分でうちの前に幼稚《ようち》園《えん》のバスがやってくる。ボクはあわてて自宅の敷地《しきち》を飛び出し、そのまま1つ先の角まで走った。角を曲がってそっと顔を出すと、通りの向こうからレインボーカラーの幼稚園《ようちえん》バスがやってくるのが見えた。クニアキはバスで登園《とうえん》し、帰りは母さんが迎《むか》えに行く。

あの日、路地から飛び出してきた自転車を避《さ》けようとした車がハンドル操作《そうさ》を誤《あやま》り、帰宅途《きたくと》中《ちゅう》の母さんとクニアキの乗る自転車に突《つ》っ込《こ》んできた。そしてクニアキは・・・。

ならば事故《じこ》を未然《みぜん》に防げば、弟が事故《じこ》に巻《ま》き込《こ》まれることもない。

バスに向かって手をふる母さんの笑顔を見ながら、ボクは決心した。

弟を事故《じこ》から守る。そのために、ボクは5年前の【今日】に戻《もど》ってきたんだ。

▼つづきは122ページへ

第2章

都《と》市《し》伝《でん》説《せつ》の世《せ》界《かい》

消《き》える乗客《じょうきゃく》

異世界からの乗客

ある夜、タクシードライバーのAさんは、都内の大きな墓地《ぼち》の前で1人のお客さんを乗せました。白いワンピースを着た髪《かみ》の毛の長い女性のお客さんは、うつむいたまま小さな声でボソボソと目的地を告《つ》げました。

Aさんは薄気味《うすきみ》悪く感じながらも、具合が悪いのかもしれない、人と話をするのが苦手《にがて》なのかもしれないと好意的に考え、タクシーを発車させました。運転しながらルームミラーで後部座席をチラチラと女性客の様子を確認《かくにん》していましたが、相変わらず女性はうつむいたまま一言も話そうとしません。

やがて目的地付近にさしかかったAさんは、後部座席の女性客に向かって「このへんで大丈夫《だいじょうぶ》ですか？」と声をかけました。しかし、何の返事もありません。ミラーで確認《かくにん》すると、女性客の姿《すがた》が見えません。具合でも悪くなって倒《たお》れているのかと、Aさんは慌《あわ》ててタクシーを停《と》め後ろをふり返りました。ところが後部座席に女性客の姿《すがた》がありません。Aさんは運転席を離《はな》れると後ろのドアを開け、何がどうなっているのかと座席のシートに手を触《ふ》れてみました。

瞬間《しゅんかん》、「うわっ！」と叫《さけ》んで飛びあがってしまいました。女性客が座っていた座席のシートは、グッショリと濡《ぬ》れていたのです。急に寒気《さむけ》がしてAさんは自分が立っている周辺《しゅうへん》を見回しました。そこには「死亡事故《じこ》発生現場目撃者《もくげきしゃ》を探しています」と書かれた看板《かんばん》が立てられ、まだ新しい花束《はなたば》が供《そな》えられていました。Aさんはタクシーに飛び乗るとアクセルを踏《ふ》み込《こ》み、明るい道に出るまで震《ふる》えながらハンドルを握《にぎ》っていたということです・・・。

ヒッチハイカー！

王道とも言える都市伝説「タクシーの消える客」という話です。タクシーが停《と》まるのがお葬式《そうしき》をしている家の前だったり、目的地として告げられるのが大きな墓地《ぼち》だったりと、形が変わって伝わっています。

この都市伝説はアメリカの「消えるヒッチハイカー」という話が原形となっており、大筋《おおすじ》では日本に伝わるタクシーの話と同じ内容となっています。

「ヒッチハイカー」とは、所持金《しょじ》の少ない旅行者が目的地を大きく書いたボードを持ち、通りかかる車に合図《あいず》を送り、同じ方角へ向かうドライバーの車に乗せてもらうという移動《いどう》方法です。日本では電車やバスなどの交通手《しゅ》段《だん》が発達《はったつ》しているためと、防犯《ぼうはん》上の理由から「ヒッチハイク」という方法で移動《いどう》する人は、ほとんどありません。代わりに場所から場所へと密室状態《みっしつじょうたい》で移動《いどう》する「タクシー」が都市伝説の舞台《ぶたい》として定着したのではないかと考えられています。

この話の歴史は古く、海外では1930年代頃《ごろ》から人々の口に上りはじめ、日本では1940年代頃《ごろ》から語られはじめます。これは自動車の普及《ふきゅう》により、人々が気軽に自動車を使いはじめた頃《ころ》なのではないでしょうか。


「消えるヒッチハイカー」の話にも原典があり、遡《さかのぼ》っていけばアメリカ開拓《かいたく》時代の「インディアンの花嫁《はなよめ》」という話に辿《たど》り着く。結婚式の日に殺され行方不明となってしまった花嫁《はなよめ》が、幽霊《ゆうれい》となり馬や馬車に乗せてもらいながら悲しみにくれる家族のもとに帰るという話である。

通学路
文
文

ひとりかくれんぼ

霊《れい》を呼《よ》び込《こ》む

これは2006年頃《ごろ》にインターネット上で紹介《しょうかい》され、実際に「ひとりかくれんぼをやってみた」と言う投稿《とうこう》により有名になった話です。

「コックリさん」や「キューピッドさん」といった霊《れい》を呼《よ》びこむ降霊術《こうれいじゅつ》の一種で、ぬいぐるみを使っておこなわれます。

いくつかの手順を施《ほどこ》した準備《じゅんび》の後、午前3時を待ってはじめます。ぬいぐるみに向かって「最初の鬼《おに》は(自分の名前)だから」と3回告《つ》げ、それを持って浴室《よくしつ》に行きます。水を張《は》った浴槽《よくそう》にぬいぐるみを沈《しず》めてから部屋に戻《もど》ります。テレビの砂嵐《すなあらし》の画面をつけ、それ以外の家中の電気を消し、目を閉じて10秒数えます。数え終わったら浴室《よくしつ》へ行き、「(ぬいぐるみの名前)見つけた」と言って沈《しず》めたぬいぐるみを引き上げます。「つぎは(ぬいぐるみの名前)が鬼《おに》だから」と告《つ》げ、自分はあらかじめ塩水を準備《じゅんび》しておいた場所に隠《かく》れます。

この「ひとりかくれんぼ」のルールでは、2時間以内に終了《しゅうりょう》させなくてはいけません。終了《しゅうりょう》させるには、塩水を少しだけ口に含《ふく》み、残った塩水を持って隠《かく》れ場所を出ます。ぬいぐるみを探し出し、コップの塩水、口の中の塩水の順に人形にかけ「私の勝ち」と3回宣言《せんげん》すれば終了《しゅうりょう》です。

恐怖《きょうふ》の体験談《たいけんだん》

この「ひとりかくれんぼ」を実行したという人々の体験談《たいけんだん》では「隠《かく》れている間に部屋中を動きまわる変な音が聞こえた」「ぬいぐるみが浴室《よくしつ》ではなく別の場所で見つかった」「隠《かく》れ場所から出た時に、テレビに奇妙《きみょう》な画像が映《うつ》っているのが見えた」「部屋の床《ゆか》が水びたしになっていた」などの怪現象《かいげんしょう》が報告されています。

非常にルールに厳《きび》しい儀式《ぎしき》と言われており、手順をまちがえたりすると恐《おそ》ろしいことが起こると言われています。この「ひとりかくれんぼ」を実況《じっきょう》していた人物が塩水を忘れてしまい、儀式《ぎしき》を終えられないまま書き込《こ》みが途切《とぎ》れてしまい、そのまま消息《しょうそく》がわからないという話も伝えられています。

◆ひとりかくれんぼ

関西・四国地方で「コックリさん」などと同様によく知られていた遊びの1つだと言われる。「降霊術《こうれいじゅつ》」だとする説や「自分自身を呪《のろ》うための儀式《ぎしき》」だとの説もある。某《ぼう》大学のサークルが「都市伝説の拡散状態《かくさんじょうたい》を調べるために意図的に流した噂《うわさ》である」とも言われている。近年になって誕生《たんじょう》し、ネットによって一気に拡散《かくさん》した。

◆こっくりさん

占《うらな》いの一種。『こっくりさん』と呼《よ》ばれる憑依霊《ひょういれい》を呼《よ》び出し、その信託《しんたく》を得るというもの。

こっくりさんは、キツネのような動物霊《れい》と言われ、『狐狗狸』とも書かれるが、起源《きげん》は定かではない。江戸時代中期ごろに民衆《みんしゅう》の間に広まったと伝えられており、現在のような形式になったのは明治期以降のようである。

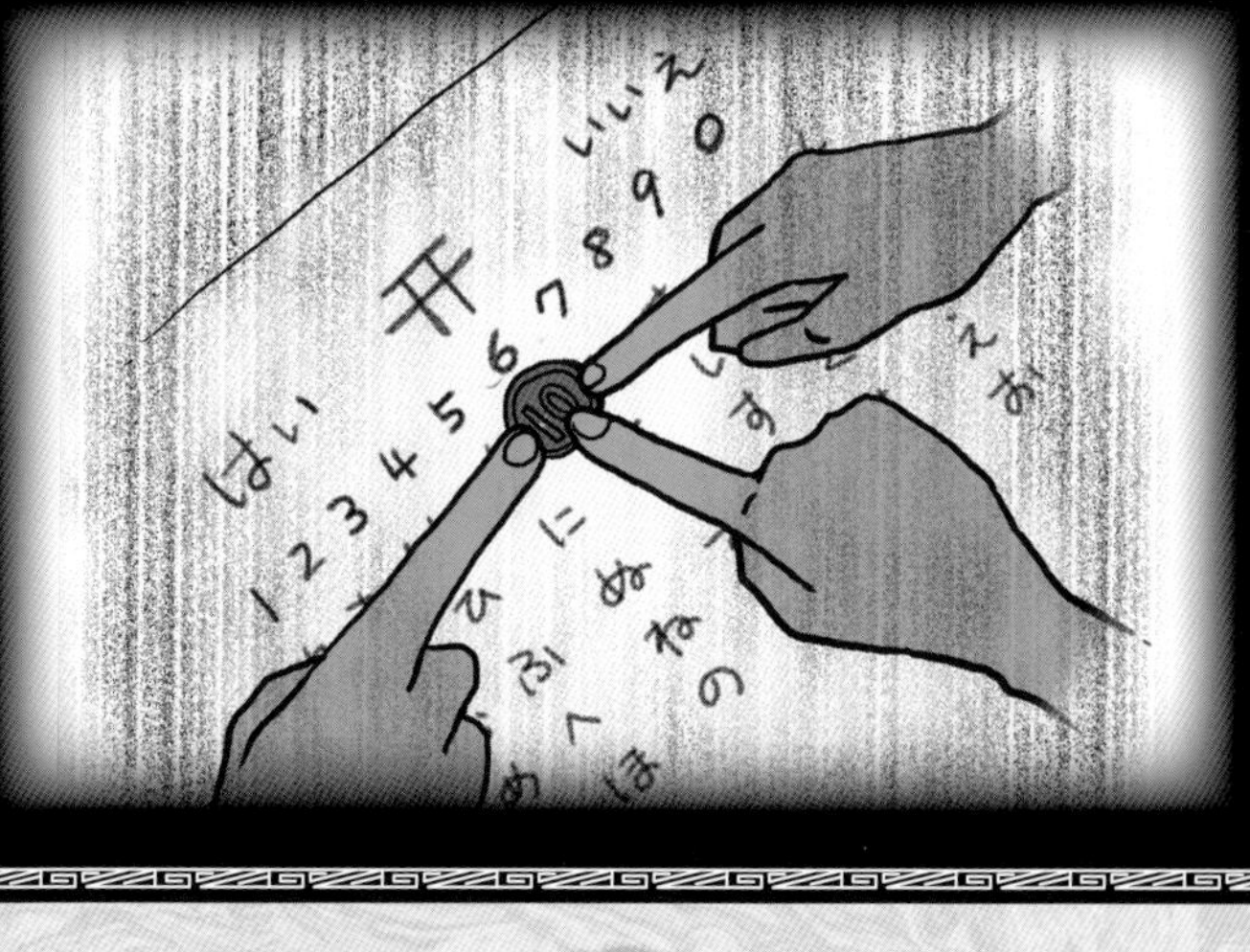

ブラッディ・メアリー

鏡《かがみ》の中の住人

アメリカでスタンダードな肝試《きもだめ》しのひとつです。

「真夜中にロウソクを1本灯《とも》し、鏡《かがみ》の前に立ち、鏡《かがみ》に向かって回転しながら『ブラッディ・メアリー、ブラッディ・メアリー、ブラッディ・メアリー』と3回唱《とな》えると、鏡《かがみ》の中に血《ち》塗《まみ》れの少女があらわれる」というものです。

方法が簡単《かんたん》なことから、ティーンエージャーの少女達の度《ど》胸《きょう》試《だめ》しとしてよくおこなわれます。

アメリカ・ミシガン州に住むデボ

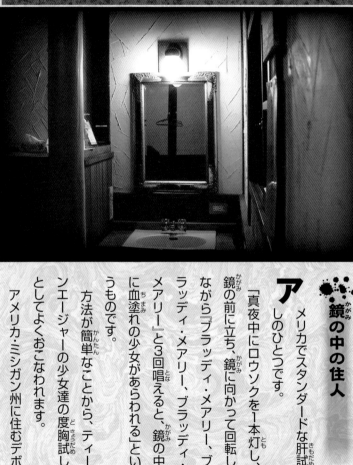

ラは、通っている大学の学生寮《りょう》に寝起《ねお》きしていました。長い夏休み、帰宅《きたく》する予定もなかったデボラは、同じく学生寮《りょう》に残っている友人達と、ある夜「パジャマ・パーティー」を開きました。それぞれが持ち寄《よ》ったお菓子《かし》や飲み物で盛《も》りあがっていましたが、そのうちにだれが言い出したのか「肝試《きもだめ》しをしよう」ということになりました。その場にいたみんなが賛成《さんせい》しました。友人の1人が持ち出してきたアロマキャンドルを灯《とも》すと、だれが実行するのかをくじ引きで決めました。ハズレくじを引いてしまったのは、メンバーの中でもいちばんおとなしいスーザンです。部屋の電気を全部消し、洗面《せんめん》所にキャンドルを置くと、スーザンだけが鏡《かがみ》の前に立ち、他のメンバーは入り口付近でその様子を見ています。

　スーザンはちょっとだけ不安そうな表情をしながら、鏡《かがみ》の前で大きく息《いき》を吸《す》い、震《ふる》える声で「ブラッディー・メアリー」と唱《とな》えながら3回クルクルと回転しました。鏡《かがみ》の中には揺《ゆ》れるキャンドルの炎《ほのお》と、引きつった笑顔を浮《う》かべるスーザンがぼんやりと映《うつ》っています。そのまま1〜2分ほどじっとしていましたが、何も変化はあらわれません。

「ねえ、もういいんじゃない？」そう言ってスーザンが鏡《かがみ》に背を向けた時、洗面《せんめん》所の入り口にいたメンバーの1人がスーザンを指差して悲鳴《ひめい》をあげました。

「スーザン、あなたどうしたの、その血！」

スーザンの着ていた薄《うす》ピンク色のパジャマ

が、血で真っ赤に染《そ》まり、彼女自身も頭から血を流していたのです。驚《おどろ》いたスーザンが鏡《かがみ》を見ようとふり返った瞬間《しゅんかん》、鋭《するど》い音を立てて洗面《せんめん》所の鏡《かがみ》が粉々《こなごな》に割《わ》れ、スーザンに襲《おそ》いかかりました。とっさに両手でかばったものの、防ぎきれなかった鏡《かがみ》の破片《はへん》が彼女の体のアチコチに刺《さ》さり、スーザンも洗面《せんめん》所も飛び散《ち》った血液《けつえき》で真っ赤になっています。夜中に響《ひび》き渡った大きな音と悲鳴《ひめい》に、寮内《りょうない》に残っていた他の者達も何事かとかけつけてきました。

見知らぬ少女

デボラは慌《あわ》てて携帯《けいたい》電話を取り出すと、震《ふる》える指で911を押《お》し事情を説明して救急《きゅうきゅう》車を呼《よ》びます。電話を切ってからもデボラの震《ふる》えは止まりませんでした。なぜなら・・彼女は見てしまったのです。スーザンが鏡《かがみ》に背を向けた時、その背中にへばりついてニヤニヤと気味悪く笑う、見知らぬ少女の姿《すがた》を。

以来、この学生寮《りょう》では肝試《きもだめ》しと称《しょう》して「ブラッディー・メアリー」をおこなうことは禁《きん》じられたそうです。

真夜中に鏡《かがみ》の前でおこなう肝試《きもだめ》し・降霊術《こうれいじゅつ》の一種。鏡《かがみ》の中にあらわれるのは「流産によって子どもを失った若い母親」「自分の手で子どもを殺してしまった女性」「非業《ひごう》の死を遂《と》げた女学生」などとバリエーションに富む。彼女を呼び出したことでなんらかの傷を負うことが多く、稀《まれ》に発狂《はっきょう》・死亡というケースもあると言う。

オルレアンの噂《うわさ》

客の消える試着室

友人といっしょに買い物に行き、1軒《けん》の洋服店に入ります。気に入った服を見つけ、友人は試着室へ。しかし、いつまで経っても友人があらわれる気配がありません。店員を呼《よ》んで事情を説明すると、店員は「そのようなお客様はいらっしゃっていません」と不思議《ふしぎ》そうな顔をします。そんなことはないと、店員といっしょに試着室へ向かい中をのぞくと、友人も荷物《にもつ》もありません。そのまま友人は姿《すがた》を消し、見つかることはありませんでした・・・。

これは有名な都市伝説「客の消える試着室」という話です。みなさんもどこかで耳にしたことがあるのではないでしょうか?

人種差《さ》別《べつ》がきっかけ?

この都市伝説は微妙《びみょう》に形を変えながら、世界各地に伝わっています。

後日談《だん》として「消えてしまった客を外国で見かけた」という話もあり、「試着室で消えた客」を「外国で見つける」という内容はパターンとして定着しているようです。

実はこの都市伝説には大元《おおもと》になった話があります。「オルレアンの噂《うわさ》」というもので、1965年5月にフランス・オルレアン地方に流れた女性誘拐《ゆうかい》の噂《うわさ》で、洋服店で若い女性客が次々と姿《すがた》を消すという、現在に伝わる話の内容とほぼ同じものです。地下にある試着室で薬物によって意識《いしき》を失っている間に誘拐《ゆうかい》、外国に売り飛ばされるという話がまことしやかに噂《うわさ》されたのです。

最初は街にある1軒《けん》の洋服店が標的《ひょうてき》となっていましたが、噂《うわさ》が噂《うわさ》を呼《よ》び、最終的に6軒《けん》の洋服店と靴《くつ》屋が誹《ひ》謗《ぼう》中傷《ちゅうしょう》のターゲットとなりました。この6軒《けん》のうち、5軒《けん》の店はユダヤ人が経営しており、残りの1軒《けん》も前店主がユダヤ人だったことがわかり、女性を誘拐《ゆうかい》しているのはユダヤ人ではないかという人種差《さ》別《べつ》的な問題にまで発展《はってん》したのです。

この噂《うわさ》によってオルレアンの街《まち》はパニック状《じょう》

態《たい》に陥《おちい》り、さらにはこの様子をマスコミが大々的に取り上げたことで住人達の不安は爆発寸前《ばくはつすんぜん》にふくれあがりました。ほんのわずかなきっかけで、ユダヤ人に対する暴動事件《ぼうどうじけん》が発生しそうな空気の中、街《まち》の危機《きき》的状況《じょうきょう》にようやく捜査《そうさ》の手が入り、実際にはこのような事件《じけん》は発生していないことがわかりました。そして行方不明になった被害《ひがい》者は1人もいなかったことが判明《はんめい》するまで、この騒《さわ》ぎは続いたのです。

日本にこの話が伝わった経緯《けいい》としては、1970年代のパリに住む日本人コミュニティーの中でこの噂《うわさ》が広まり、帰国した彼らがさらに周囲《しゅうい》の人々に話したことによるのではないかと考えられています。

未《いま》だに世間で囁《ささや》かれ続ける「客の消える試着室」。時代によって手を変え品を変え、脈々《みゃくみゃく》と語り継がれている。誘拐《ゆうかい》された女性は治安の良くない国で発見されるという話とセットで語られることが多い。オルレアンの噂《うわさ》については、反ユダヤの者達が流したデマだという説が有力である。

ひきこさん

悲劇《ひげき》が生んだ都市伝説

雨の日に、白いボロボロの服を着て、人形のようなものを引きずって歩いている女性を見たことがありますか？　もしも見かけてしまったら、相手があなたに気がつく前に全力で逃《に》げてください。その女性は「ひきこさん」かもしれません。

「ひきこさん」は「森妃姫子（もりひきこ）」という名前の、背が高く美人で成績《せいせき》も良く、だれにでも優《やさ》しい子でした。しかし「何でも持っている」「完璧《かんぺき》な」少女は、他の生徒から激《はげ》しいイジメのターゲットにされてしまいました。「先生に贔屓《ひいき》されている」「気に入らない」「生意気《なまいき》だ」そんなきっかけではじまったイジメは、どんどんエスカレートしていき、ついには彼女の手足をしばって学校内を引きずり回すという事件《じけん》まで起きてしまったのです。勢《いきお》い良く引きずられる妃姫子《ひきこ》さんは、顔や頭をかばうことができずに、廊下《ろうか》の角や段差《だんさ》でひどいケガを負《お》ってしまいました。教室に戻《もど》されたとき、傷《きず》だらけで腫《は》れ上がった顔の彼女を見て、クラスメイト達は指をさして笑いました。

翌日《よく》から妃姫子《ひきこ》さんは学校を休むようになります。両親は彼女を部屋から引きずり出し、無理やりに学校へ行かせようとしますが、妃《ひ》姫子《きこ》さんは柱や家具にしがみついて抵抗《ていこう》しました。そして、自室に引きこもるようになった彼女に対して、両親は食事を与《あた》えないなどの虐待《ぎゃくたい》をはじめます。

やがて優《やさ》しかった彼女の心は、イジメの恐《きょう》怖《ふ》や恨《うら》み、両親の虐待《ぎゃくたい》によって壊《こわ》れていき、雨の日になると部屋から出て町をうろつくようになりました。そして小学生を見つけると「私の顔はみにくいか!」と尋《たず》ねてまわるのです。逃《に》げ出す子供達を追いかけ、つかまえた子の足をつかむと泣《な》き叫《さけ》ぶ声を無視《むし》してズルズルと引きずります。この子供が彼女から解《かい》放《ほう》されるのは、つぎの子供がつかまるまでです。こうして「妃姫子《ひきこ》さん」は「ひきこさん」となり、子供達の恐怖《きょうふ》の対象《たいしょう》となりました。

イジメ・虐待《ぎゃくたい》の叫《さけ》び

「ひきこさん」の都市伝説は2001～2002年頃《ごろ》に語られるようになりました。「イジメ」「虐待《ぎゃくたい》」といった、これまでの都市伝説では扱《あつか》われなかったキーワードが特徴的《とくちょう》です。

「ひきこさん」にはいくつかの独自《どくじ》ルールが存在《そんざい》します。「雨の日だけあらわれる」「決まった時間にあらわれる」「自分をいじめた相手と同じ名前の子供は襲《おそ》わない（具体的な名前は不明）」「いじめられている子供は襲《おそ》わない」「自分の顔を嫌《きら》っているので鏡《かがみ》を見せれば逃《に》げていく」「『私の顔はみにくいか』と聞かれたら『引っ張るぞ！』と叫《さけ》ぶと逃《に》げていく」などです。

「ひきこさん」という怪異《かいい》を生み出した背後《はいご》にある物語は、人間はいくらでも残酷《ざんこく》になれるというシグナルなのかもしれません。

都市伝説としてはあまりメジャーではない。この話が語られるようになった2001年前後は「ひきこもり」という言葉が大きく取り上げられた時期でもあった。「ひきこもり」に陥《おちい》る恐《きょう》怖《ふ》心、学校内における「イジメ」の残酷《ざんこく》性等が表面化してきた時期とも関係しているのかもしれない。

モスマン

謎《なぞ》の生物

体長は2m、腕《うで》はなく背中に大きな2枚《まい》の翼《つばさ》。そして自動車よりも早く空中を飛行する。ギラギラと赤く光る目の間隔《かんかく》は離《はな》れていて、「キィキィ」というネズミやコウモリに似《に》た鳴《な》き声を出す・・・。

これはアメリカのウェストバージニア州で目撃《もくげき》されたという「モスマン」の特徴《とくちょう》です。

このモスマンが最初に目撃《もくげき》されたのは1966年の11月12日。ウェストバージニア州ポイント・プレザントという静《しず》かな町です。地元の墓《ぼ》地《ち》で墓《はか》を掘《ほ》っていた5人の人物が奇怪《きかい》な生物を目撃《もくげき》しました。また、11月14日にはドライブ中のカップルが同様に謎《なぞ》の生物に追いかけられています。車に乗っていた女性は「追いかけられた時、車は時速160㎞まで加速していました。それでもその生物は楽々と車に追いついてきたのです」と証言《しょうげん》しています。

この目撃証言《もくげきしょうげん》以降、ポイント・プレザントの町では、たびたびモスマンが目撃《もくげき》されるようになりました。ただし、このモスマンの出現は長く続かず、1967年12月15日、ポイント・プレザントとオハイオ州カノーガを結ぶシルバー・ブリッジ付近の目撃《もくげき》例を最後に報告《ほうこく》は途絶《とだ》えます。

ところが2010年に新たな目撃情報《もくげきじょうほう》がもたらされたのです。目撃《もくげき》したのはテネシー州に住む16歳《さい》の少年ケントンとその友人。彼らはポイント・プレザントの友人の家に遊びに来た際に、正体不明の生物に遭遇《そうぐう》しました。家の外にその生物がいることに気がついたケントンは、護身《ごしん》用のバットを持って大声を出して威嚇《いかく》しました。すると相手は大きな翼《つばさ》を広げ、金属《きんぞく》質の耳障《みみざわ》りな声を発して飛び去ったと言います。

「目は燃えるように真っ赤に光っていて、全体的に羽毛はなく、ツルリとした皮だけで、巨大《きょだい》なコウモリのように見えました」と語っています。

さまざまな仮説《かせつ》

この正体不明の生物「モスマン」については、いくつかの仮説《かせつ》があります。

1.ワシやハゲタカなどの大型猛禽類《もうきんるい》を見まちがえたのではないかとする『鳥類説』

2.ポイント・プレザント一帯では非常《ひじょう》にUFOの目撃情報《もくげきじょうほう》が多かったことから、地球にやってきた宇宙人達がUFOに乗せていたペットではないかとする『エイリアン・ペット説』

3.ポイント・プレザント周辺《しゅうへん》では昔から怪現象《かいげんしょう》が頻発《ひんぱつ》していたことと結びつけて、かつてこの周辺《しゅうへん》の土地で虐殺《ぎゃくさつ》されたインディアン、ショーニー族の呪《のろ》いと考える『インディアンの呪《のろ》い説』

などです。

『エイリアン・ペット説』ですが、モスマンの目撃情報《もくげきじょうほう》が減少《げんしょう》するにつれてUFOの目撃情報《もくげきじょうほう》も減《へ》っていったことから、この説を有力視している人が多いようです。

またモスマンが1960年代最後に目撃《もくげき》されたシルバー・ブリッジが、目撃《もくげき》されたその日に大規模《きぼ》な崩落事故《ほうらくじこ》を起こし、46人もの犠牲者《ぎせい》を出したことから「モスマンがあらわれると町に災厄《さいやく》が訪《おとず》れる」とも信じられています。

元々は地元で「バード(鳥)」と呼《よ》ばれていた正体不明の生物であるが、マスコミを通じて広まった「モスマン」の呼称《こしょう》が一般的になっている。ポイント・プレザントで報告《ほうこく》された一連の出来事をベースに2002年には映画「プロフェシー」が公開された。町には今も「モスマン」の像が建っている。

This Man

夢の中の訪問《ほうもん》者

突《とっ》然《ぜん》、あなたの夢の中にあらわれる見知らぬ男性。それが何度も続いたとしたら・・・。

2006年の1月、アメリカ・ニューヨークの精神《せいしん》科医の元を1人の女性患者《かんじゃ》が訪《おとず》れます。その女性は「夢の中に見知らぬ男がたびたびあらわれる。気になって仕方がない」と訴《うった》え、夢の中の男性だという似顔絵《にがおえ》を描《か》きました。その数日後、今度は男性患者《かんじゃ》が同じようなことを訴《うった》えて似顔絵《にがおえ》を描《か》きました。2人の患者《かんじゃ》に接点はなかったものの、その男性の似顔絵《にがおえ》は非常に似《に》ていました。

奇妙《きみょう》な一致《いっち》

このことに興味《きょうみ》を持った精神科医《せいしんかい》は、2枚《まい》の似顔絵《にがおえ》を同僚《どうりょう》の医師《いし》達に見せました。すると驚《おどろ》いたことに、4人の患者《かんじゃ》が同様の似顔絵《にがおえ》を描《か》いていたことが判明《はんめい》しました。それぞれ「夢の中にあらわれる見知らぬ男性」の顔だと説明したそうです。

医師《いし》達はこの人物が現実に存在《そんざい》しているのか、それとも患者《かんじゃ》達が何らかの情報《じょうほう》を共有しているのか、それを調査《ちょうさ》するためにウェブサイトを立ち上げました。「This Man」と名付けられたこの男性の似顔絵《にがおえ》を公開し、「この男性を知りませんか？」と広く情報《じょうほう》を求めたところ、世界各地から2000人を超《こ》える目撃証言《もくげきしょうげん》が寄《よ》せられています。証言《しょうげん》者の出身地に共通点はなく、アメリカ・ドイツ・中国・ローマ・ロシア・フランス・インド、果ては遠くコスタリカやジンバブエからも寄《よ》せられていますが、今のところ日本からの目撃《もくげき》証言《しょうげん》はないようです。

この「This Man」が登場する夢は「ただ隣《となり》に座っているだけだった」「物陰《ものかげ》からじっとこちらをのぞいていた」など、さまざまなパターンがあるようです。丸顔の頭髪《とうはつ》の薄《うす》い、眉毛《まゆげ》の濃《こ》い、特徴《とくちょう》のある顔立ち。口が大きく、真っ直ぐにこちらに向けられた両目。ほんの少し微笑《ほほえ》んでいるように見えますが、じっと見つめていると、どことなく不気味に思えてきて落ち着きません。

何のために多くの人の夢の中にあらわれるのか。謎《なぞ》は深まるばかりです。

アララト山《さん》のノアの方舟《はこぶね》

すべてをリセットした洪水《こうずい》

神はノアに言われた、『わたしは、すべての人を絶《た》やそうと決心した。あなたは、糸杉《いとすぎ》の木で方舟《はこぶね》をつくり、方舟《はこぶね》の中に部屋を設《もう》け、アスファルトでその内外を塗《ぬ》りなさい。そのつくり方はつぎのとおりである。すなわち方舟《はこぶね》の長さは300キュビト、幅は50キュビト、高さは30キュビトとし、方舟《はこぶね》に屋根をつくり、上へ1キュビトにそれを仕上げ、また方舟《はこぶね》の戸口をその横に設《もう》けて、1階《かい》と2階《かい》と3階《かい》のある方舟《はこぶね》をつくりなさい。～中略《りゃく》～　またすべての生き物、それぞれ2の数ずつを方舟《はこぶね》に入れて、あなたと共にその命を保たせなさい。それらは雄《おす》と雌《めす》とでなければならない。すなわち、鳥はその種類にしたがい獣《けもの》はその種類にしたがい、また地のすべての這《は》うものも、その種類にしたがって、命を保たせなさい』。ノアはすべて神の命じられたようにした。

これは旧約聖書創世《きゅうやくせいしょそうせい》記の一説です。つくり出した世界が乱《みだ》れたことを悲しんだ神が洪水《こうずい》によって、すべてをリセットしようと考え、それでも神の教えにしたがって正しく生きてきたノアの一族と動物達を方舟《はこぶね》に集め、洪水《こうずい》から守ったという話です。

40日40夜降《ふ》り続いた雨により、地上のすべてを滅《ほろ》ぼしつくした大洪水《こうずい》は150日の間勢《いきお》いを失いませんでした。ノアの一族と動物達を乗せた方舟《はこぶね》は水上を漂《ただよ》い、やがてアララト山の山頂《さんちょう》にたどり着きました。

聖書《せいしょ》の中にある現実

この「ノアの方舟《はこぶね》」は長い間、説話の一つとして実在しないものと考えられていました。しかし材料からその大きさまでくわしく記録《きろく》が残されていることから、一部の研究者の間では「聖書《せいしょ》で語られるノアの方舟《はこぶね》は現実に起こった洪水《こうずい》の記録《きろく》ではないのか」との説も立てられました。

2010年4月27日、調査《ちょうさ》を進めていたトルコと中国の探検家チームが、アララト山山頂《さんちょう》付《ふ》近《きん》(標高《ひょうこう》およそ4000m地点)でノアの方舟《はこぶね》らしき構造《こうぞう》物を発見したとのニュースが入りました。発見された木片で炭素《たんそ》年代測定《そくてい》を行った結果《けっか》、方舟《はこぶね》が地上をさまよっていたとされる4800年前と同時期のものであることが判明《はんめい》しました。この構造《こうぞう》物はいくつかの小部屋らしき空間で仕切られ、それらを支えるための木製の梁《はり》が渡されていました。小部屋は動物達を乗せていた部屋ではないかと考えられています。

　これまでの調査《ちょうさ》で標高《ひょうこう》3500m以上の地点で人の住まいが発見された前例はありません。方舟《はこぶね》が実在したとすると、現在世界中に暮《く》らす人間は「ノア」という一族から枝分かれしたことになります。

◆アララト山のノアの方舟《はこぶね》

旧約聖書《きゅうやくせいしょ》に描《か》かれる、世界を滅ぼすための大洪水《こうずい》。実はこの「洪水《こうずい》神話」は世界中に分布《ぶんぷ》している。ほぼ同時期に起こったとされており、この事から「気象現象として、実際に地球上に大規《き》模《ぼ》な洪水《こうずい》が起こったのではないか」と考えている研究者も多い。とすれば、ノアの方舟《はこぶね》が実在したという話も現実味を帯《お》びてくる。

奇怪《きかい》な運命《うんめい》をたどった２隻《せき》の船《ふね》

謎《なぞ》の漂流《ひょうりゅう》船
メアリー・セレスト号

1872年12月4日、ポルトガル・リスボンから西方に700㎞の沖合で海上を漂《ただよ》っている1隻《せき》の船が発見されました。全長約31m、282トン、2本のマストを持った帆船《はんせん》で、船体には「メアリー・セレスト号」と書かれていました。11月7日にニューヨークを出港《しゅっこう》したイギリス船籍《せんせき》のこの船は船長のベンジャミン・ブリッグズ他7名の船員、船長の妻《つま》であるサラ、その娘《むすめ》ソフィア・マチルダの計10名と工業用アルコールをのせていました。

メアリー・セレスト号を発見したデイ・グラチア号の船長で、ブリッグズ船長の友人でもあったモアハウスは、遭難《そうなん》信号を出してはいないものの「漂流《ひょうりゅう》している」と判断《はんだん》し救助に向かいます。

メアリー・セレスト号に乗り込《こ》むと、船のあちこちは水浸《みずびた》しになっており、ブリッグズ船長の家族を含《ふく》めた10名の乗員の姿《すがた》が見あたりません。

しかし食堂のテーブルの上には食べかけの食事がそのままになっており、まだ温かいコーヒーも残っています。灰皿には煙《けむり》を上げるタバコ、キッチンには火にかけられたままの鍋《なべ》がかかっており、つい先ほどまでだれかがそこにいたようです。食料貯蔵庫《ちょぞうこ》には半年分の食料と水が保管され、航海《こうかい》に何の問題もなさそうでした。

しかし操舵《そうだ》室では航海《こうかい》に必要な羅針盤《らしんばん》や計器類が破壊《はかい》され、船内に残された書類は航海日誌《こうかいにっし》のみ。それによれば、11月24日に船はアゾレス諸《しょ》島《とう》西方約161㎞の位置にあったと記されています。それを最後にこの船に何が起こったのか不明のままなのです・・・。

この話は後世に脚色《きゃくしょく》されたものですが、実際にメアリー・セレスト号の乗員の行方は今もってわかっていません。食料も水もたっぷり残っていたのに、なぜ船を棄《す》てなければいけなかったのか。なぜ計器類が破壊《はかい》されていたのか。

メアリー・セレスト号乗員失踪《しっそう》の謎《なぞ》について、いくつかの説があげられています。

1．積み荷の工業用アルコールがもれ出し、爆《ばく》発《はつ》を恐《おそ》れた乗員達が救命《きゅうめい》ボートに乗り込《こ》んだが、扱《あつか》いが乱暴《らんぼう》だったためにロープがち

ぎれて船から離《はな》れてしまった

2.乗員達の起こした暴動《ぼうどう》でブリッグズ船長が殺害《さつがい》され、家族はボートで逃《に》げ出した

3.海上で発生した水上竜巻《たつまき》に遭遇《そうぐう》したために全員で船を放棄《ほうき》して逃《に》げ出した

4.地震《じしん》による津波《つなみ》に乗員がパニックを起こして逃《に》げ出した

5.海賊《かいぞく》と遭遇《そうぐう》して全員が殺害《さつがい》された

などです。これらの他に「UFOにさらわれた」「大ダコに襲《おそ》われた」「バミューダ・トライアングルの力で人間だけが消え去った」などのSFじみた説も語られています。どれも科学的根拠《こんきょ》がなく、決定的な説明になってはいません。この時期、海上で水上竜巻《たつまき》や地震《じしん》が発生したという記録《きろく》は残っていません。また、海賊《かいぞく》の目撃情報《もくげきじょうほう》もありません。ブリッグズ船長は信仰《しんこう》に篤《あつ》く人格者として乗員達にも慕《した》われていたそうで、話を聞いただれもが暴動《ぼうどう》説を否定《ひてい》したと言います。業務《ぎょうむ》用アルコールの爆発《ばくはつ》の危険《きけん》性についても、羅針盤《らしんばん》などを破壊《はかい》する意味がわかりません。

その後、メアリー・セレスト号は修復《しゅうふく》され、12年間にわたり所有者を変えながら航海《こうかい》を続けました。最後の船長となったパーカーは、保険金詐《さ》欺《ぎ》のために船を沈《しず》めようとしましたがハイチの海で座礁《ざしょう》し難破《なんぱ》。謎《なぞ》に満ちた航海《こうかい》を終えました。

隠《かく》された実験・駆逐艦《くちくかん》エルドリッジ号

発明家として名高いニコラ・テスラ。彼が開発した高電圧・高周波《しゅうは》を発生させる装置《そうち》「テスラコ

イル」を利用して、戦艦《せんかん》をレーダーから消す実験がありました。テスラが設立《せつりつ》した「レインボー・プロジェクト」という計画の一環《いっかん》で、「船がレーダーに反応するのは、船自体が独自《どくじ》の磁気《じき》を発しているからである。その船ごと磁気《じき》を消してしまえばレーダーには反応しない」との考えで計画は進められました。

１９４３年10月28日、第2次世界大戦中のペンシルバニア州フィラデルフィア沖に浮《う》かぶ駆《く》逐艦《ちくかん》「エルドリッジ号」を使用して、大規《き》模《ぼ》な実《じっ》験《けん》がおこなわれました。エルドリッジの艦《かん》内には計測のための電気実験機器《じっけんきき》と乗員30名が乗り込《こ》み、人体にどのような作用を及《およ》ぼすのかという人体実験《じっけん》も兼《か》ねていました。

装置《そうち》のスイッチを入れると同時に海面が緑色に発光をはじめ、次第《しだい》にエルドリッジの船体を包《つつ》み込《こ》みます。つぎの瞬間《しゅんかん》、巨大な駆逐艦《くちくかん》は海面から浮上《ふじょう》し、緑色の発光体に何重にも覆《おお》われたまま見守る関係者の目の前から消えてしまいました。「駆逐艦《くちくかん》エルドリッジはレーダーから姿《すがた》を消した」という実験の目的は果《は》たされましたが、同時に思いもよらない結果《けっか》を招《まね》くことになってしまいます。

姿《すがた》を消したエルドリッジは２５００㎞以上離れたノーフォーク湾《わん》に出現した数分後、再び発光体に包《つつ》まれて姿《すがた》を消し、フィラデルフィア沖に戻《もど》ってきました。実験のデータを収集《しゅうしゅう》しようと艦《かん》内に乗り込《こ》んだ人々は、そこでこの世のものとは思えない光景を目にしました。

壁《かべ》から飛び出した上半身、床《ゆか》に転《ころ》がっている黒焦《こ》げの人体、体が半分だけ透明《とうめい》になっている者、影《かげ》だけが船体に焼《や》きつけられ、消えてしまった者など。また、生き残っていた者達もほとんどが精神《せいしん》に異常をきたし、まともに話ができる状《じょう》態《たい》ではなかったと言います。

艦船《かんせん》をレーダーから消すという当初の目的は達成されましたが、「行方不明・死亡16名、発狂《はっきょう》者6名」という取り返しのつかない結果《けっか》になってしまったのです。唯一《ゆいいつ》、電磁《でんじ》場の影響《えいきょう》を受けなかったのは計測のために鉄の隔壁《かくへき》に守られた機械《きかい》室にいた、一部のエンジニアだけでした。

このような事態《じたい》は公表されず、海軍の上層《そう》部は極秘《ごくひ》で進められてきた「フィラデルフィア実験」を闇《やみ》に葬《ほおむ》ってしまったのです。

●メアリー・セレスト号の話は多くの脚色《きゃくしょく》とともに語られることが多いが、未《いま》だにその謎《なぞ》は解明されていない。船を発見したモアハウス船長はブリッグス船長と交友があったために、共謀《きょうぼう》しての詐欺《さぎ》を疑《うたが》われている。

●フィラデルフィア実験《じっけん》の大元となっているレーダーに対する考えは、当時から「船が発する磁気《じき》説」はちがうということは理解《りかい》されていた。テスラがテスラコイルを軍部に売り込《こ》むための作戦だったとする説もある。

いるはずのない人

これは、私が小学校４年生の時の話。

あ～ユウウツ。明日の音楽の時間には笛のテストがある。なんで1人ずつ人前に出て発表なんかしなくちゃいけないの？　恥《は》ずかしいったら。

あまり音楽が得意《とくい》ではない私は、家に帰ってすぐにランドセルを放り出し、大好きなオヤツも食べずに練習していた。

それこそ上手ではない縦笛《たてぶえ》を「ピー」だの「プー」だのと吹《ふ》き鳴《な》らしていたのだから、家族は大迷惑《めいわく》だっただろう。夕飯が済《す》んで、お風呂《ふろ》に入る前まで練習していた私に、お母さんが「さっきからお風呂《ふろ》に入んなさいって何度言ったら分かるの！」と怒《おこ》ったのを覚えている。

だけど、私にとって大事なのは笛《ふえ》のテストの方だ。お母さんに舌《した》を出して、リビングから駆《か》け出し、階段《かいだん》をあがって自分の部屋に向かった。

なんでだろう、どうして上手《うま》く吹《ふ》けないのだろう。イライラしながら、なかばムキになって練習を続けていると、『コンコンッ』と部屋のドアがノックされた。

またお母さんが文句《もんく》を言いに来たのかな、とも思ったが、知らん顔して練習を再開した。

「ちょっといいかい？」

ドアが静かに開いて、その隙間《すきま》から顔を出したのはおばちゃんだった。

「あのね、夜にあんまり笛《ふえ》吹《ふ》いたりしたら、あかんよ」

いつもなら優《やさ》しいおばあちゃんの言葉に逆《さか》らったりはしないのだけど、この時はタイミングも悪かった。

「仕方ないでしょ！　明日、学校で笛《ふえ》のテストあるんだから。邪魔《じゃま》しないでよ！」

反抗《はんこう》気味に言葉を投げ返した私をじっと見ながら、おばあちゃんはまた静かに口を開いた。

「夜にね。夜に笛《ふえ》を吹《ふ》くと、幽霊《ゆうれい》が来るよ。だから、もうやめとき」

「幽霊《ゆうれい》なんているわけないじゃない。いいから、あっち行ってよ」

おばあちゃんを廊下《ろうか》へ押《お》し出すと、部屋のドアを思い切りバタン！と閉めた。もう、どうしてみんなして私の邪魔《じゃま》ばっかりするのよ。練習に集中できないじゃない。

時計を見ると、もう9時半を回っている。そろそろお風呂《ふろ》に入って寝《ね》ないと、きっと明日は起きられない。しぶしぶ練習を切り上げ、笛《ふえ》をランドセルに入れるとお風呂《ふろ》に向かった。

「もう、おばあちゃんのせいで練習できなくなっちゃったじゃない。明日の笛のテスト、上《う》手《ま》くできなかったらおばあちゃんのせいだからね」

今思えば八つ当たりだって言うのはわかっているんだけど、その時はだれかに責任《せきにん》をなすりつけたい気分だったのだ。

お風呂《ふろ》からあがると私はおばあちゃんに言われた言葉も、自分が投げつけた言葉も忘れて、ベッドに潜《もぐ》り込《こ》み、つぎの瞬間《しゅんかん》には眠《ねむ》りに落ちていた。

夜中。熟睡《じゅくすい》していたはずの私は、かすかな物音で目を覚ました。と言っても、意識《いしき》が浮《う》かびあがってきただけで目は閉じたまま。私の耳には「ズルズル」「シュッ、シュッ」という不思議《ふしぎ》な音が入り込《こ》んでくる。

何？　何の音？　おばあちゃん？　夜中にトイレにでも行くのかな。

心地いい夢の世界に戻《もど》りたくて、寝《ね》返りを打とうとしたその瞬間《しゅんかん》。

私は全身が動かなくなっているのに気がついた。

えっ！　何で動かないの⁉

心の中で叫《さけ》び声をあげ、どうにかして体を動かそうと必死になる。でも指先はおろか、閉じたまぶたさえも動かすことはできなかった。まるで自分の大きさにピッタリと合った型枠《かたわく》にはめられて、上から大きなスポンジで押《お》さえつけられているような感覚。

「金縛《かなしば》り」という言葉が頭に浮《う》かんだ。寝る前に聞いた『夜に笛《ふえ》を吹《ふ》くと幽霊《ゆうれい》が来る』というおばあちゃんの話を思い出し、全身から嫌《いや》な汗《あせ》が噴《ふ》き出してくる。

幽霊《ゆうれい》なんているわけないのに・・・。

そうは思っても、怖《こわ》いものは怖《こわ》い。物音はだんだん大きくなって、部屋の前で止まった。

キィィィィ・・・。

妙《みょう》に甲高《かんだか》い音が部屋に響《ひび》いて、だれかが入ってくる気配がした。「ズズッ、シュッ、ズズズッ、シュウウッ」という音は、入ってきただれかの足音のようだ。それが私の寝《ね》ているベッドの方に近寄《よ》ってくる。

声を出すことも、目を開けることもできない。ただ耳から入ってくる音だけが、私の恐怖心《きょうふ》を強めていく。

音が途切《とぎ》れて、私のベッドの横に「だれか」が立ったのがわかった。全身から吹《ふ》き出した汗《あせ》が、首筋《くびすじ》を伝って流れるのが気持ち悪い。

その時、ひやりとした感触《かんしょく》が頬《ほほ》に触《ふ》れた。

何、なに、ナニ!?　この時の私はパニック寸前《すんぜん》だった。体が動いたら、布団《ふとん》をはねのけ、大声で叫《さけ》び、手当たり次第《しだい》に周《まわ》りにある物を投げつけていただろう。

冷《つめ》たくて、ほんの少しだけ湿《しめ》っぽいその「何か」は頬《ほほ》をたどり、まぶたまで来ると止まった。そして、閉じていた私の目は意志《いし》とは関係なく開いてしまった。部屋の様子が映《うつ》し出された。オレンジ色の常夜灯《じょうやとう》に照《て》らされた、薄《うす》ぼんやりとした部屋の中。私の寝《ね》ているベッドのすぐ脇《わき》に、こちらをのぞきこんでいる人影が。

私をのぞきこんでいたのは・・・おばあちゃん!

能面《のうめん》のような無表情で、私をじっと見ている。何をするでもない。何を言うでもない。ただ、じっと、感情のない顔でのぞきこんでいる。薄暗《うすぐら》い部屋の中で、おばあちゃんの顔だけがはっきりと見える。

あいかわらず体は動かない、声も出せない。おばあちゃんが、さらに顔を近づけてきた。ほつれた白髪《しらが》が私の顔にかかる。そのモゾモゾした感触《かんしょく》が、まるで顔中に小さな虫が這《は》い回っているようで気持ちが悪かった。

その緊張感《きんちょうかん》に耐《た》え切れず、つぎの瞬間《しゅんかん》、私は意識《いしき》を失くしてしまった。

気がついたのは翌朝《よくあさ》。甲高《かんだか》いアラーム音で目覚めた私は、固く強張《こわば》っている体を起こしてから、ぼんやりと室内を見回し・・・そして思い出した。

昨夜のアレ！　何なの!?　きっと私が言うことを聞かないで夜に笛《ふえ》の練習をしていたから、おばちゃんが嫌《いや》がらせに来たんだ！　そうに決まってる！

私はベッドから跳《は》ね起きると、階下《かいか》のリビングへと駆《か》け込《こ》んだ。

「お母さん！」

キッチンで朝食の用意をしていたお母さんが、驚《おどろ》いた顔をしてふり返る。

「おはよう。いったい何なの、朝からそんなに騒《さわ》いで」

「おばあちゃんが！　おばあちゃんたらひどいのよ！　昨日、私が言うことを聞かなかったからって、夜中に部屋に入ってきて・・・」

怒《いか》りにまかせて昨夜のことを説明しようとすると、お母さんは眉《まゆ》をちょっと寄《よ》せてから流しっぱなしの水を止めた。

「ねえ、お母さん、ちゃんと聞いてよ！」

「何よ、夢の話？　忙《いそが》しいんだから早く顔洗《あら》ってらっしゃい」

「だって、おばあちゃんが！」

「おばあちゃんってだれのこと？　うちには『おばあちゃん』なんていないわよ」

そう言われて、私はハッとした。

そうだ、うちには『おばあちゃん』なんていない。お父さんのおばあちゃんは私が生まれる前に死んじゃったし、お母さんのおばあちゃんは隣《となり》の県に住んでいる。うちには『おばあちゃん』なんていない。死んじゃったおばちゃんだって、写真で見る顔とは全然ちがう人だった。

じゃあ　うちにいたのは　いったいだれ？

いつも家にいて、私と会話して、廊下《ろうか》やお風呂《ふろ》や庭にいたのはだれなの？

私は膝《ひざ》の力が抜《ぬ》けてしまい、そのまま床《ゆか》に座り込《こ》んでしまった。


もちろん、その日の音楽のテストは散々《さんざん》な結果《けっか》だった。

そして、それ以来家の中で『おばあちゃん』を見かけることはなくなった。

了

第3章

怖《こわ》い童謡《どうよう》

あぶくたった

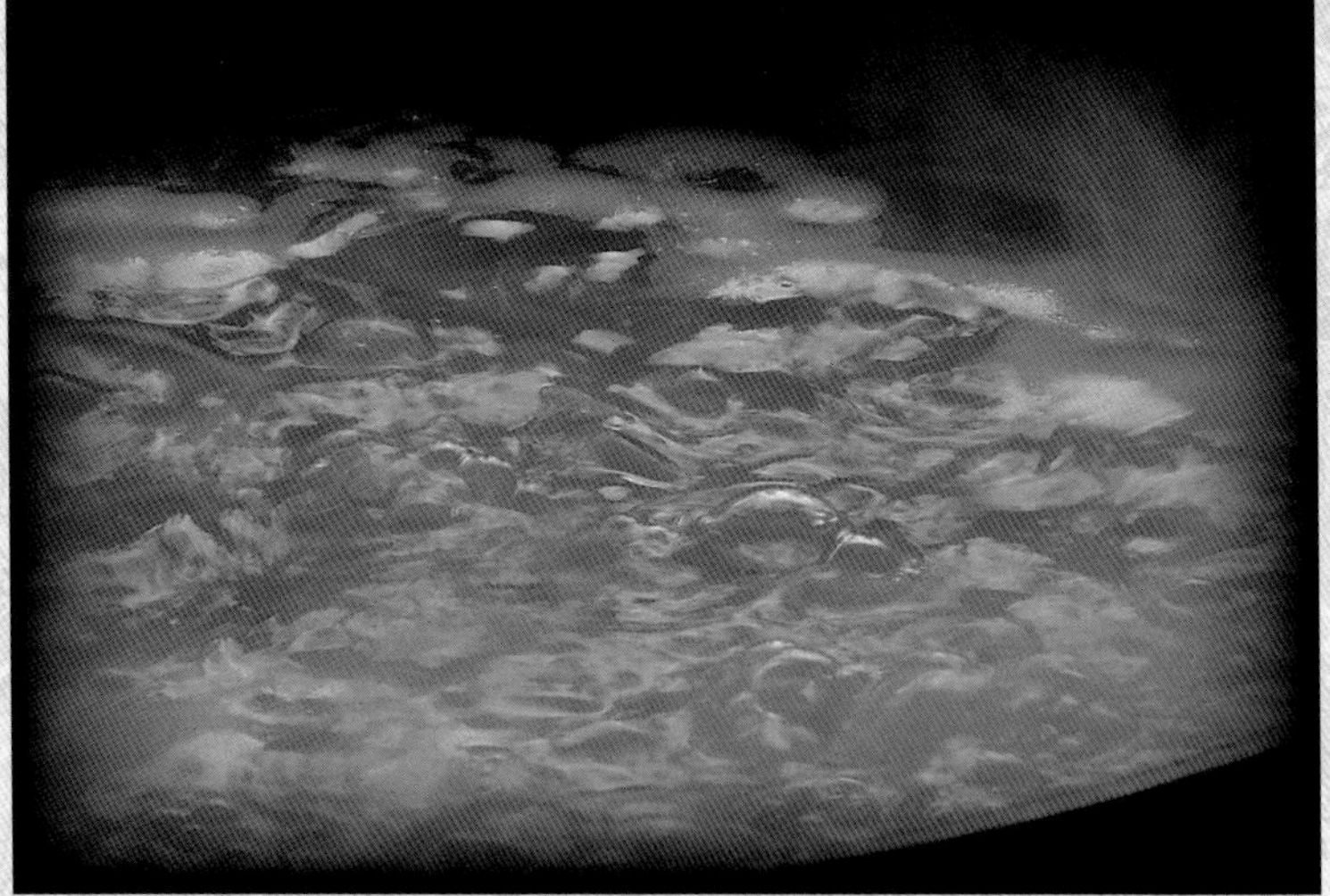

あぶくたった　煮《に》え立った
煮《に》えたかどうだか　食べてみよう
むしゃむしゃむしゃ　まだ煮《に》えない
あぶくたった　煮《に》え立った
煮《に》えたかどうだか　たべてみよう
むしゃむしゃむしゃ　もう煮《に》えた

戸棚《とだな》に入れて　鍵《かぎ》をかけて
がちゃがちゃがちゃ
ご飯を食べて　むしゃむしゃむしゃ
お風呂《ふろ》に入って　ごしごしごし
お布団《ふとん》ひいて　寝《ね》ましょ

鬼《おに》「とんとんとん」
周囲《しゅうい》の子「何の音？」

鬼《おに》「風の音」
周囲《しゅうい》の子「ああ良かった」
鬼《おに》「とんとん」
周囲《しゅうい》の子「何の音？」
鬼《おに》「お化《ば》けの音！」

食べられているモノは…

3部構成《こうせい》になっている遊び歌です。形としては「かごめかごめ」と同じで、鬼《おに》が中心にしゃがみ、周囲《しゅうい》を子供達が手をつないで輪になって囲みます。「戸棚《とだな》に入れて」の部分で鬼《おに》を円から外し、少し離《はな》れた場所に座らせてから歌を続けます。

問いかけの部分は「風の音」にこだわらず、アドリブで何の音を入れてもよく、鬼《おに》のタイミングで「お化《ば》けの音！」と宣言《せんげん》してから、逃《に》げる子供達をつかまえるために「鬼《おに》ごっこ」へ移《うつ》っていきます。

この1部の中で「煮《に》えあがり食べられているモノ」は何でしょう？　それは「人間」だとする説があります。鍋《なべ》に入れられて、グツグツと煮《に》られ、むしゃむしゃと食べられる人間。いつもなら円の中心にいるのが「鬼《おに》」のはずなのに、食べられてしまう存在《そんざい》という矛盾《むじゅん》もまた恐怖《きょうふ》に満ちています。

異《こと》なる歌詞《かし》

2部の歌詞《かし》は地域《ちいき》によっては驚《おどろ》くほど変化していて「戸棚《とだな》に入れて」の部分を「牢屋《ろうや》に入れて」と歌うこともあるとか。また、広島などでは完全にちがう歌詞《かし》になっています。

【周囲《しゅうい》の子】となりのおばさん　時計は何時
【鬼《おに》】夜中の2時
【周囲《しゅうい》の子】ほんとのお名前　何と言うの
【鬼《おに》】柳《やなぎ》の下の大入道　というものや
【周囲《しゅうい》の子】となりのおばさん　時計は何時
【鬼《おに》】夜中の3時
【周囲《しゅうい》の子】おばさんの名前はなぁに
【鬼《おに》】おきく
【周囲《しゅうい》の子】ほんとうの名前はなぁに
【鬼《おに》】柳《やなぎ》の下の　猫幽霊《ねこゆうれい》

仕返し！

3部になると、鬼《おに》が音を立て、それに対して「それは何の音？」と問答《もんどう》をくり返します。ここは何度くり返すなどの決まりはないので、鬼《おに》が「お化《ば》けの音！」と宣言《せんげん》するまで続きます。

食べられてしまった存在《そんざい》がお化《ば》けとなって自分を食べた者達に仕返しをはじめ、つかまった子供がつぎの鬼《おに》となるという、一度聞くと耳に残るメロディーが忘れられなくなります。幼《おさな》い子供達が歌詞《かし》の意味を考えることもなく、無邪気《むじゃき》に遊んでいる様子そのものが恐怖《きょうふ》なのかもしれません。

江戸時代には歌われていたとされるが、歌詞《かし》の中に出てくる単語から考えて最近になってつけ加えられたものもあると思われる。「戸棚《とだな》」や「お風《ふ》呂《ろ》」の代わりに「電気」「トイレ」等という単語が出てくる地域《ちいき》もあるのだ。歌われていくうちに変化していくものだが、変化の様子があまりにも大きく奇妙《きみょう》な感じがする。

いろは唄《うた》

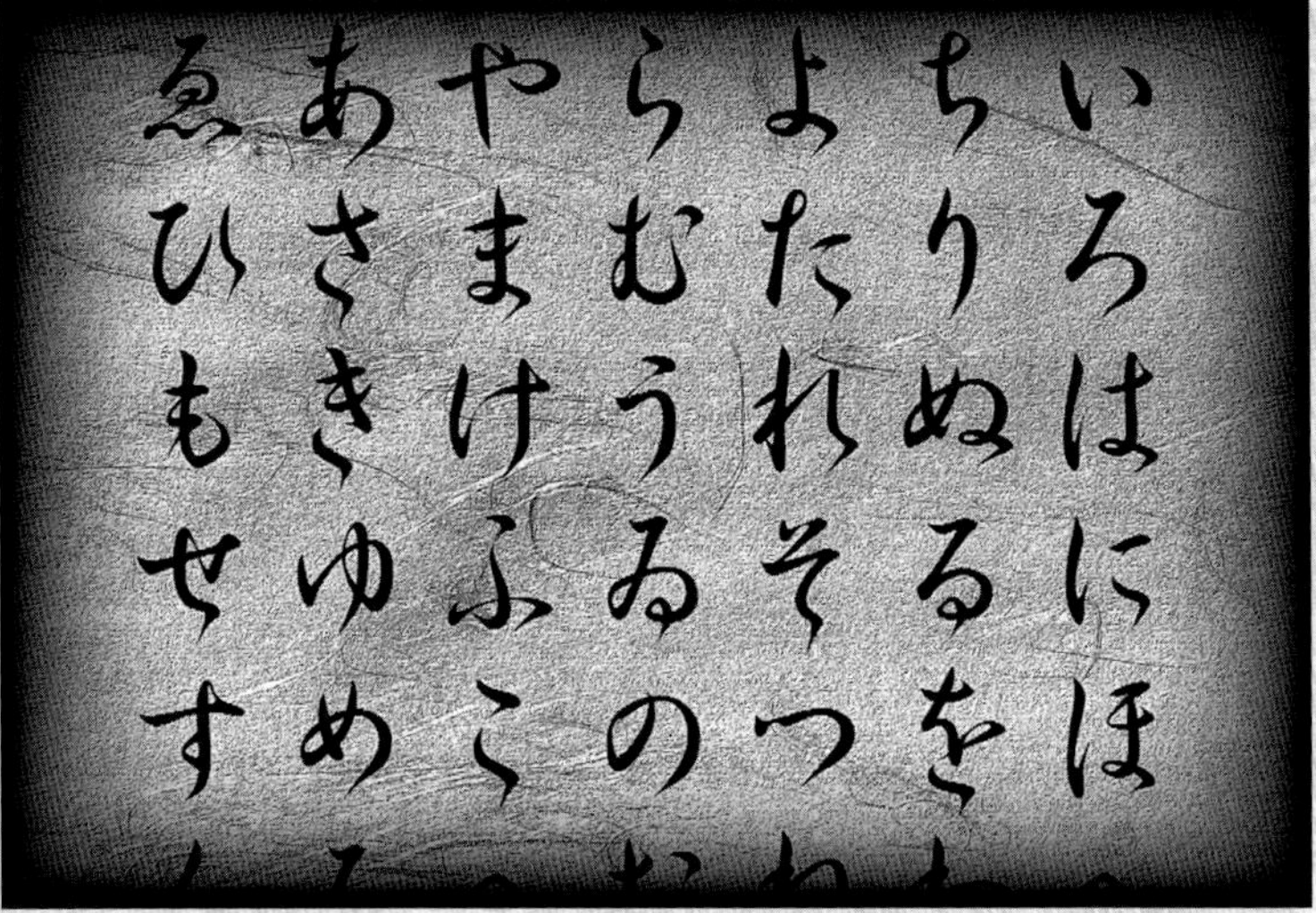

いろはにほへと　ちりぬるを
色は匂《にお》へど　散《ち》りぬるを
わかよたれそ　つねならむ
我《わ》が世誰《たれ》ぞ　常ならむ
うゐのおくやま　けふこえて
有為《うい》の奥山《おくやま》　今日越《こ》えて
あさきゆめみし　ゑひもせす
浅き夢見じ　酔《よ》ひもせず

四十七文字の暗号《あんごう》

全文は知らなくても、どこかで目にしたり、耳にしたりしたことがあると思います。古くから「いろは四十七文字」として知られ、子供の手習いとしても活用されていました。作者については諸説《しょせつ》あり、不明とされています。

実は、この「いろは唄」の中にまぎれて暗号《あんごう》が隠《かく》されているという噂《うわさ》があるのです。7文字ごとに区切《くぎ》って読んでいくと、文中にその暗号《あんごう》を見つけることができます。

いろはにほへと
ちりぬるをわか
よかれそつねな
らむういのおく
やまけふこえて
あさきゆめみし
ゑひもせす

おわかりになりますか？　文章のいちばん最後、7文字目だけを抜《ぬ》き出して読むと「とかなくてしす」となります。これは「咎無《とがな》くて死す」と読めることから、政敵《せいてき》によって太宰府《だざいふ》に左遷《させん》となった源高明(みなもとのたかあきら)が書いたものだとする説がありました。しかし続けて5文字目を読んでいくと「ほをつのこめ(本を津の小女)」という文章が浮《う》かびあがってきます。「この本を津(大津との説もある)に住んでいる妻《つま》に届《とど》けてほしい」というように解釈《かいしゃく》されています。

このことから、「いろは唄《うた》」の作者は飛鳥時代の歌人・柿本人麻呂(かきのもとのひとまろ)ではないかと言われています。

謎《なぞ》の人物柿本人麻呂

この柿本人麻呂という人物、非常に謎《なぞ》に満ちた人物で、「万葉集」「古今和歌集」に多くの歌を残していますが、日本の歴史を記したとされる史《し》書《しょ》にほとんど名前が出てきません。孝明天皇を祖《そ》とする家系に生まれ、複数《ふくすう》の朝廷《ちょうてい》に仕《つか》えていたのではないかと推測《すいそく》されています。確実に年代を特定できる人麻呂の歌は持統天皇(在位690年2月〜697年8月)の即位《そくい》から崩御《ほうぎょ》の時期とほぼ重なっていることから、持統朝に仕《つか》えていたことは、まずまちがいないと言ってもいいでしょう。朝廷《ちょうてい》から官位を授《さず》かり、官人として仕事をしながら数人の皇子《おうじ》・皇女《おうじょ》に歌を残しているので、特定の皇族《こうぞく》に仕《つか》えていたわけではなさそうです。

歴史上では国司《こくし》として赴任《ふにん》した石見国(現在の島根県益田市)で最期《さいご》を迎《むか》えたことになっています。というのも、彼が人生を終えたと言われる益田市沖合にあった鴨島という場所は、現在では存在《そんざい》していないからなのです。

一説によれば、朝廷《ちょうてい》の権力争《けんりょくあらそ》いに巻《ま》き込《こ》まれ、石見国で処刑《しょけい》されたのではないかとも言われています。もちろんこれは歴史上どこにも証拠《しょうこ》がありません。しかし、この唄《うた》に刻《きざ》み込《こ》まれた暗号《あんごう》は時代を越《こ》えて、私達に何かを伝えようとしているのではないでしょうか。

作者は真言系の学僧《がくそう》とも空海とも言われる。「咎無《とがな》くて」の一文から江戸時代には有名な赤穂浪士《あこうろうし》のことではとの見方もあった。縁《えん》起《ぎ》が良くないので寺子屋などで子供達の教育に用いるべきではないという声もあがっていたという。また、柿本人麻呂終焉《しゅうえん》の地・益田市の鴨島は中世の万寿地震《じしん》と津波の被害《ひがい》によって水没《すいぼつ》したと伝えられる。

人麿公像
いろはにほへと
ちりぬるを
わかよたれそ
つねならむ
うゐのおくやま
けふこえて
あさきゆめみし
ゑひもせす

あめふり

あめあめ　ふれふれ　母さんが
蛇《じゃ》の目で　おむかい　うれしいな
ピッチピッチ　チャップチャップ
ランランラン

かけましょ　かばんを　母さんの
あとから　ゆこゆこ　かねがなる
ピッチピッチ　チャップチャップ
ランランラン

あらあら　あのこはず　ぶぬれだ
柳《やなぎ》の　根方《ねかた》で　泣《な》いている
ピッチピッチ　チャップチャップ
ランランラン

母さん　ぼくのを　貸《か》しましょか
きみきみ　この傘《かさ》　さしたまえ
ピッチピッチ　チャップチャップ
ランランラン

ぼくなら　いいんだ　母さんの
大きな　蛇《じゃ》の目に　入ってく
ピッチピッチ　チャップチャップ
ランランラン

歌詞《かし》が語る恐怖《きょうふ》

童《どう》謡《よう》作家であり、詩人の北原白秋が作詞《さくし》した童謡《どうよう》です。1925年（大正14年）に発行された幼児《ようじ》向け雑誌《ざっし》「コドノモクニ」に曲と歌詞《かし》が発表されました。小学生くらいの男の子でしょうか、学校帰りに雨が降《ふ》っているので、お母さんが傘《かさ》をさして迎《むか》えに来てくれてうれしい気持ちを歌ったものです。2人並んで傘《かさ》をさし、水たまりの水を跳《は》ねあげながら歩く男の子の姿《すがた》がほほえましく感じられます。

さて、3番の歌詞《かし》にかかると、道の先に大きな柳《やなぎ》の木があり、そこでだれかが泣《な》いているというのです。傘《かさ》を持っていないのか、ずぶぬれの状態《じょうたい》で泣《な》いているだれかに、男の子は自分の傘《かさ》を貸《か》してあげようとしています。

でもちょっと考えてみてください。柳《やなぎ》の木は雨宿《あまやど》りするには不向きだと思いませんか？柳《やなぎ》の木の下で傘《かさ》もささず、泣《な》いている子供の存在《そんざい》。その子はほんとうに生きている子供なのでしょうか?

柳《やなき》の意味！

柳《やなぎ》の木というのは、もともとは「男性」の性格《せいかく》を持ち、「陽の気」を持つ樹木《じゅもく》でした。しかし江戸時代、柳《やなぎ》の木の下に立つ女の幽霊《ゆうれい》画が描《えが》かれるようになり、それ以来「女性的」な「陰気《いんき》」なイメージを持つ樹木《じゅもく》へと変化していきます。川岸に生えていることが多いのも、暗いイメージを持たれる原因《げんいん》のひとつかも知れません。

雨の降《ふ》る曇《くも》り空、だんだんと薄《うす》暗くなってくる夕方に、柳《やなぎ》の木の下で泣《な》いているびしょ濡《ぬ》れの子供。家から追い出されたのか、お母さんとはぐれたのか、だれかに叱《しか》られたのか、いたずらっ子に傘《かさ》を持って行かれてしまったのか。それとも・・・雨の日に死んでしまった子供なのか、川で溺《おぼ》れてしまった子供なのかもしれません。お母さんといっしょに歩いている男の子がうらやましかったとも考えられます。

泣いている子供に「ぼくの傘《かさ》をあの子に貸《か》してもいいですか?」と男の子はお母さんに聞いていますが、果《は》たしてお母さんに子供の姿《すがた》は見えていたのでしょうか。もしかしたら、お母さんには何も見えていなくて、男の子が何を言っているのだろうと不思議《ふしぎ》に思っていたかもしれません。

◆あめふり

この童謡《どうよう》については北原白秋・作詞《さくし》、中山晋平・作曲という以外、ほとんど情報《じょうほう》がない。リズミカルなメロディーで、雨の中を帰っていく少年とつきそう母親の姿《すがた》があるだけだ。歌詞《かし》の中に母親の情報《じょうほう》が少なく、あくまでも少年の目線で歌が進んでいく。「雨」「柳《やなぎ》」「泣《な》く」というフレーズが楽しげな音楽に影を落としている。

かごめかごめ

かごめかごめ　籠《かご》の中の鳥は
いついつでやる
夜明けの晩《ばん》に
鶴《つる》と亀《かめ》が　つぅべった
後ろの正面　だぁれ？

この歌を知らない人はいないのではないかと思うくらいに有名な童歌《わらべうた》です。太田全斎という人物が1797年（寛永9年）に書いた江戸時代の国語辞書「諺苑（げんえん）」という書物の中で紹介《しょうかい》されています。

籠目《かごめ》籠目《かごめ》　籠《かご》ノ中ノ鳥ハ
イツイツ　デヤル
ヨアケノ晩《ばん》ニ

ツルツル　ツッペエタ
鍋《なべ》ノ鍋《なべ》ノ底《そこ》ヌケ
一升鍋《いっしょうなべ》ノ底《そこ》ヌケ
底《そこ》ヲイレテタモレ

というもので、今に伝わる歌詞《かし》とは少し様子がちがいます。現在、一般に知られている歌詞《かし》は千葉県野田市が発祥《はっしょう》だとされていて、野田市にある清水公園には「かごめの唄《うた》の碑《ひ》」が建てられています。

恐怖《きょうふ》を抱《いだ》くさまざまな解釈《かいしゃく》

この「かごめ」という言葉には、これまでさまざまな解釈《かいしゃく》がされてきました。

●貧《まず》しい生活から金で買われ、自由に出歩くことも許《ゆる》されない「遊女」達の悲しみを歌ったとされる説。

●牢《ろう》につながれ死刑執行《しけいしっこう》を待つ「囚人《しゅうじん》」の気持ちを歌ったとされる説。

●1人の「鬼《おに》」を子供達で取り囲む遊びの形から、死者の霊《れい》を呼《よ》び出すための「口寄《くちよ》せ」だとする説。

●編《あ》まれた「籠目《かごめ》」が魔除《まよ》けの六角形をしていることから子供に取りつく「魔《ま》を払《はら》う」儀式《ぎしき》だとする説。

後ろの正面

この歌にまつわる、悲しい昔話が伝わっています。

ある所に仲の良い夫婦が姑《しゅうとめ》といっしょに暮《く》らし

ていました。姑《しゅうとめ》は自分の一人息子を奪《うば》った憎《にく》い嫁《よめ》だと考えて、ひどい嫁《よめ》いびりを続けていました。夫婦には子供がなく、姑《しゅうとめ》はそのことでも「子供が産めないなら離縁《りえん》して出て行け」と、嫁《よめ》に辛《つら》く当たっていました。

夫は、やがて嫁《よめ》に子供ができたことを知ります。夫はとても喜び、自分の母親も同じように喜んでくれるものと信じていました。しかし子供が生まれてしまえば、息子の心はますます自分から離《はな》れていってしまうと考えた姑《しゅうとめ》は、安産祈願《あんざんきがん》に出かけた帰り、長い石段《だん》の上から妊婦《にんぷ》である嫁《よめ》を突《つ》き落としてしまうのです。とっさにお腹をかばって石段《だん》を落ちていく嫁《よめ》が見たのは、笑顔を浮《う》かべた姑《しゅうとめ》の姿《すがた》でした。

幸いにして嫁《よめ》は一命を取りとめましたが、お腹の子供は流産してしまいました。

歌にある「後ろの正面　だぁれ?」とは、「後ろから妊婦《にんぷ》を突《つ》き飛ばした、鬼《おに》のような人物はだれだ?」と言っているのです。

また、昔は今ほど医療技術《いりょうぎじゅつ》が進歩していなかったので、幼《おさな》くして亡《な》くなってしまう子供が多くいました。死んでしまった子供の霊《れい》を呼《よ》び出し、別の子供の体に乗り移らせようとする「降霊術《こうれいじゅつ》」の1つだとする考えもあります。この場合「後ろの正面」に立つのは、亡くなった子供の霊《れい》になります。

地域《ちいき》によって少しずつ歌詞《かし》が変わっていくこの歌ですが、京都周辺《しゅうへん》では「つるつるとつっぱった」という言葉になります。意味は「ずるずると引っ張った」なのだそうですが・・・いったい、何を引っ張っているのでしょうね?

◆かごめかごめ

その発祥《はっしょう》は古く、地域《ちいき》色豊かな童謡《どうよう》である。また「後ろの正面」等の不可《ふか》解《かい》な歌詞《かし》を含《ふく》むところから、多くの解釈《かいしゃく》がなされてきた。「籠目《かごめ》」は「屈《かが》め」「囲《かこ》め」が訛《なま》ったものと考えられる。また「神具女」「神宮女」とも書き表し「神に仕える巫女《みこ》」であるとも考えられた。また「処刑《しょけい》場を取り囲む竹垣《たけがき》」のことだとする説もある。

花《はな》いちもんめ

勝ってうれしい　花いちもんめ
負《ま》けてくやしい　花いちもんめ
となりのおばさん
ちょっと来ておくれ
鬼《おに》が怖《こわ》くて　行かれない
お釜《なべ》かぶって　ちょっと来ておくれ
お釜底《なべそこ》抜《ぬ》け　行かれない
お布団《ふとん》かぶって
ちょっと来ておくれ
お布団《ふとん》ボロボロ　行かれない
あの子がほしい
あの子じゃ分からん
この子がほしい
この子じゃ分からん
相談《そうだん》しましょ　そうしましょ

なぜ？子供とお金

子供の遊び歌の一種で、地方によって歌《か》詞《し》に特徴《とくちょう》があり、主に西日本と東日本で表現される単語に変化があります。冒頭《ぼうとう》で紹介《しょうかい》した歌詞《かし》は東日本を中心に歌われているものですが、西日本に移ると「負《ま》けてくやしい　花いちもんめ」の後に「たんす　長持ちあの子がほしい」と続きます。「長持ち」とは現代でいう衣装《いしょう》ケースで、木製の長方形の箱に漆《うるし》を塗《ぬ》った道具です。たんすも長持ちも「嫁《よめ》入り道具」として結婚する女性に持たせる風習がありました。

「花いちもんめ」の「いちもんめ」は「一匁《もんめ》」と書きます。これは古い重さの単位で、一匁《もんめ》は5円玉一枚《まい》と同じ重さです。金1両（約6.6万円）が銀60匁《もんめ》と同じ重さであることから江戸時代の通貨《つうか》計算の基準《きじゅん》となりました。この計算でいくと、銀1匁《もんめ》は現代の価値《かち》で1100円ほどの金額《きんがく》になります。

子供達の遊び歌の中に、どうしてお金の話が出てくるのか？　それはこの歌が、人買いに買われていく子供達のことを歌ったとされるものだからです。

人買い…

貧《まず》しい農村の家々では、何人か子供が生まれた場合、労働《ろうどう》力にならない女の子を売ることがありました。天候《てんこう》が悪く畑や田んぼの実りが期待できない時には、娘《むすめ》を売った金が唯一《ゆいいつ》の収入《しゅうにゅう》になることも珍《めずら》しくありませんでした。どれだけ高く売れたかで「親孝行をした」とも言われ、「◯◯さんのところの娘さんは器量《きりょう》良し（かわいい）だから、いくらで売れた」などと村の語り草になるほどでした。

もちろん人買いという行為《こうい》は違法《いほう》なことで、つかまれば流刑《るけい》になるほどの罪《つみ》でした。しかし売り手と買い手がなくなることはなく、商品である女の子を「花」と言いかえて続いていたとされます。

「勝ってうれしい」は「高く売れそうな娘《むすめ》が買えてうれしい」、「負けてくやしい」は「娘《むすめ》が値切《ねぎ》られてくやしい」という意味です。

では歌の中で「となりのおばさん」が怖《こわ》がっている「鬼《おに》」とは何でしょうか？　子供を売り買いして生きている人買いでしょうか。確かに家族と別れたくないと泣《な》きわめく幼《おさな》い女の子を引きずるように連れて行く人買いは鬼《おに》のように見えるでしょう。それとも生活のために親に売られ、生まれ故郷《こきょう》を後にする娘《むすめ》の心の中にあるうらみなのでしょうか。

◆花いちもんめ

江戸や明治時代の文献《ぶんけん》には記載《きさい》されていないことから、比較《ひかく》的近年になって成立したと考えられる。1979年に刊行《かんこう》された書籍《しょせき》で「京都で歌われていたものが、昭和初期に全国へ広まった」のではないかとされている。「匁《もんめ》」は現在も真珠《しんじゅ》取引の現場で使用されており、日本式の計算が取り入れられている。

かーってうれしい
はないちもんめ
まけーてくやしい
はないちもんめ
いかれない
おかまかぶって
ちょっときておくれ

今年《ことし》の牡丹《ぼたん》

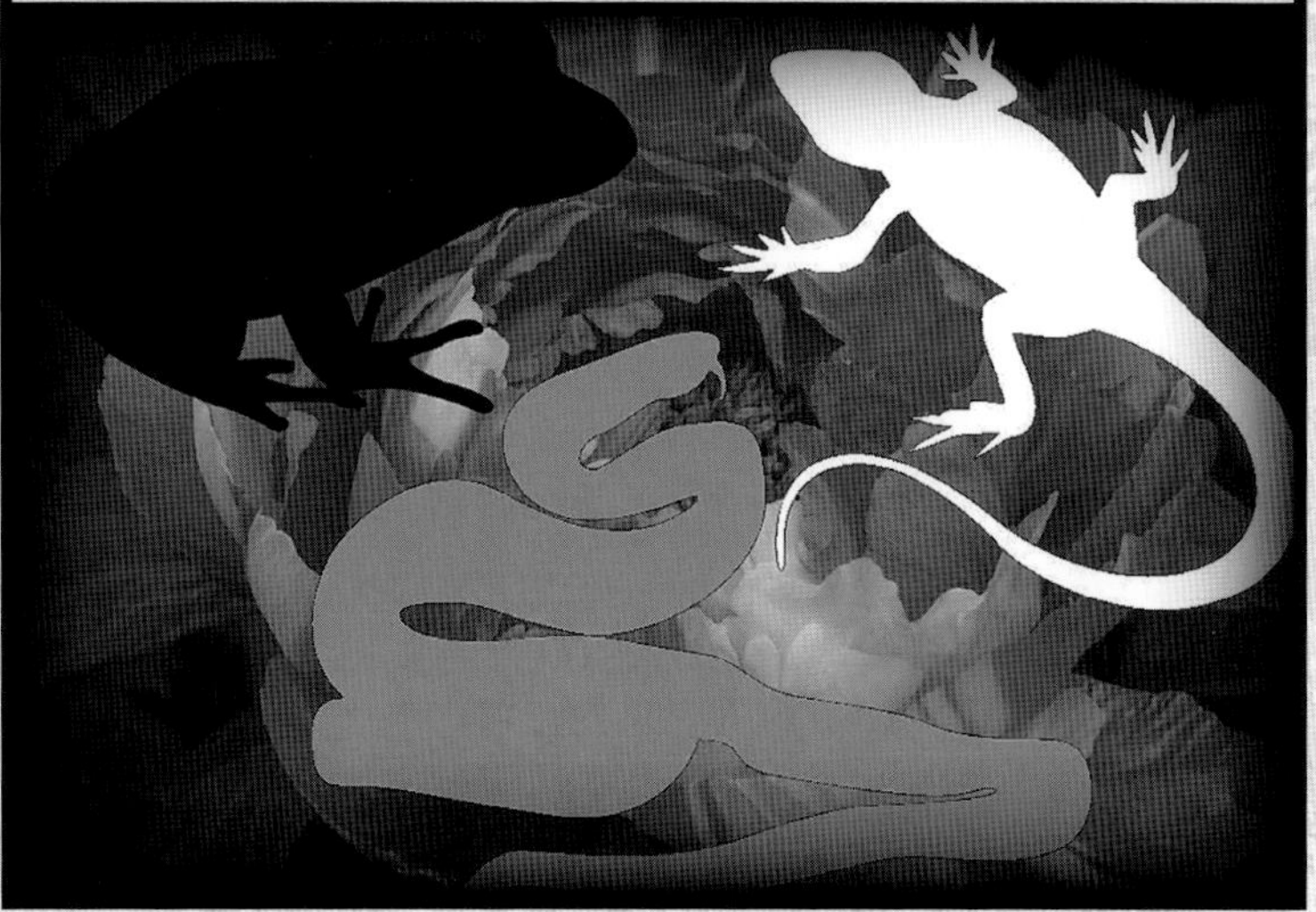

今年の牡丹《ぼたん》は　良い牡丹《ぼたん》
お耳をからげて　すっぽんぽん
もひとつおまけに　すっぽんぽん
※

【鬼《おに》】入れて
【みんな】だめ
【鬼《おに》】海につれて行ってあげるから
【みんな】海坊《ぼう》主《ず》が出るからいや
【鬼《おに》】山につれて行ってあげるから
【みんな】山坊《ぼう》主《ず》が出るからいや
【鬼《おに》】入れてくれないと
　うちの前を通った時に
　大きな棒《ぼう》でたたくよ
【みんな】じゃあ入れてあげる
（※くり返す）
【鬼《おに》】もう帰る

【みんな】どうして
【鬼《おに》】お昼ご飯の時間だから
【みんな】お昼ご飯はなぁに
【鬼《おに》】ヘビとトカゲとカエル
【みんな】生きてるの　死んでるの
【鬼《おに》】生きてるの
【みんな】じゃあね
【みんな】だれかさんの後ろにヘビがいる
【鬼《おに》】わたし？
【みんな】ちがう
【みんな】だれかさんの後ろにヘビがいる
【鬼《おに》】わたし？
【みんな】そう！

円の中にいない鬼《おに》

ほとんどが鬼《おに》との問答《もんどう》になっている、不思議《ふしぎ》な形の遊び歌です。「あぶくたった」と同じように「鬼《おに》ごっこ」へと移っていく遊びですが、これまで紹介《しょうかい》したものとのちがいは、子供達の円の中に「鬼《おに》がいない」ということです。

「鬼《おに》」に決まった子供は最初、みんなの円からはずれたところに立っています。歌が終わった時点で「入れて」と子供達にお願いしますが、拒否《きょひ》されてしまいます。「○○をしてあげるから」とたのみますが、子供達は疑《うたぐ》り深いのか「××だからいや」と仲間にしてはくれません。最終的にしびれを切らした「鬼《おに》」が暴力《ぼうりょく》的手段《しゅだん》をちらつかせて、ようやく仲間に入れてもらえるという部分は印象《いんしょう》的です。

そして2部に移ると、やっと遊びの輪の中に入れたというのに、「鬼《おに》」はあっさりとお昼ご飯を理由に帰ろうとします。語られる食事の内容が「鬼《おに》」が人の仲間ではないことを浮《う》きあがらせています。

ヘビの化身《けしん》

子供達の輪から離《はな》れていく「鬼《おに》」の背中にかけられる「だれかさんの後ろにヘビがいる」ですが、歌によっては「だれかさんの姿《すがた》はヘビの姿《すがた》」となっている場合もあります。つまり「鬼《おに》」は「ヘビが化《ば》けたもの」ということです。では「ヘビが化《ば》けた鬼《おに》」は、どうしてそんなに急いで子供達から離《はな》れなくてはいけないのか？　そこにはこんな理由が隠《かく》されています。

1部に登場する「お耳をからげて　すっぽんぽん」という歌詞《かし》の部分で、子供達は自分の耳の横で手をくるくると回します。この「からげて」という言葉は「結ぶ」「まくりあげる」「もつれる」などの意味があります。「耳に何かを巻《ま》きつけている」「耳に何かを結びつけている」ということらしいのですが、実は「お耳をからげる」この動作は、魔除《まよ》け・ヘビ除《よ》けのおまじないでもあるのです。

楽しそうに遊んでいる子供達の仲間になったはいいものの、そこで歌われているのは自分を苦しめるヘビ除《よ》けのおまじない。逃《に》げ出した「鬼《おに》」に対して、子供達が「お前の正体を知っているぞ」とはやし立てる歌であるとも考えられるのです。

◆今年の牡丹《ぼたん》

いつ頃《ごろ》から歌われはじめたのか、どこが発祥《はっしょう》地なのか、不明の童歌《わらべうた》である。歌詞《かし》の「すっぽんぽん」は地域《ちいき》によって「すっとんとん」「すっちょんちょん」とも歌われる。この際、手を叩《たた》く・指で「×」の形に打ち合わせる等、魔除《まよ》けの要素《ようそ》が強い。現在ではこの歌を知っている人の方が少なくなってきている。

通《とお》りゃんせ

通りゃんせ　通りゃんせ
ここはどこの細道じゃ
天神様の細道じゃ
ちょっと通してくだしゃんせ
御用のない者　通しゃせぬ
この子の七つのお祝《いわ》いに
御札《おふだ》を納《おさ》めに参《まい》ります
行きは良い良い　帰りは怖《こわ》い
怖《こわ》いながらも
通りゃんせ　通りゃんせ

七つのお祝《いわ》い…

こちらもよく知られた童謡《どうよう》のひとつ「通りゃんせ」です。

江戸時代にはすでに童謡《どうよう》として成立していたこの歌は、歌詞《かし》の中に出てくる「七つのお祝《いわ》い」「御札《おふだ》を納《おさ》めに」という単語に当時の風習や子育て事情《じじょう》を読み取ることができます。

出産が今とは比《くら》べものにならないくらい危《き》険《けん》で、まだまだ乳幼児《にゅうようじ》の死亡率《りつ》が高かった時代、生まれた子供が7歳《さい》まで無事に成長するのはとても難《むずか》しいことでした。そのために「7歳《さい》までは神の内」と言い、人間ではなく「神様の一部」と考えられていました。一度捨《す》てられ拾《ひろ》われた子供は強く育つという迷信《めいしん》によって、子供の名前にわざと「捨吉《すてきち》」や「お捨《す》て」「お拾《ひろ》い」などという名前をつけることもありました。男の子は生命力が弱く、物の怪《け》に引っ張って行かれることも多いという考えもあり、7歳《さい》になるまで女の子の着物を着せ、女の子の名前をつけ、女の子として育てるという風習もあります。

しかし人の努力《どりょく》だけではどうしようもない部分もあります。そのために「神様」の力にすがり、守ってもらおうとしたのです。

身代わり守り

子供が生まれると神社へお参《まい》りし、紙や木片に名前を書き込《こ》んでもらい、それを人型に切るなどして神棚《かみだな》に祀《まつ》り、子供の守り神としました。これが、子供に降《ふ》りかかる災《わざわ》いや病魔《びょうま》から守ってもらうための「身代わり守り」となるのです。7歳《さい》を迎《むか》えると身代わり守りの役目を終えた御札《おふだ》を神様へお返しします。人として認《みと》められ、社会の一員として仲間入りをするための儀《ぎ》式《しき》、これが「七つのお祝《いわ》い」です。

神様へ御札《おふだ》をお返しするまではその力に守られていますが、御札《おふだ》を返し終わってしまえば守りの力は失われ、ただの「人」になってしまいます。このことが「行きは良い良い　帰りは怖《こわ》い」という歌詞《かし》にこめられているのです。7歳《さい》までの間に子供が死んでしまえば、それは「神様の元へ帰った」「神様が引き戻《もど》した」と言われ、人にはどうしようもないことなのだと理解《りかい》されていました。しかし御札《おふだ》を返し終わった後は、どのような問題も神様の力は届《とど》かないのです。

また、この童謡発祥《どうようはっしょう》の地とされている場所の特異《とくい》性からも歌詞《かし》の意味を読み取ることができます。「通りゃんせ」は現在、2カ所の発祥《はっしょう》説を持っています。神奈川県小田原市国府津の菅原神社、埼玉県川越市の三芳野神社です。

帰りは怖《こわ》い

小田原市の菅原神社へお参《まい》りに向かうには、「箱根の関所」と越《こ》えて行かなくてはいけませんでした。関所を避《さ》けて山を抜《ぬ》けることは、見つかれば一族全員が死罪《しざい》になるほどの大罪《たいざい》でした。また、たとえ通行手形を持っていたとしても、すんなりと通してはもらえなかったのです。

子供を連れての山道、当然のことながら足取りは遅《おそ》くなり、帰りは遅《おそ》くなってしまうこともあったでしょう。暗くなると関所は閉まってしまいます。真っ暗な山の中、翌《よく》朝に関所が開くまで過ごさなくてはいけません。この関所へ向かう道を「細道」、「天神様」は菅原神社をあらわしていると言われています。

一方、川越の三芳野神社は川越藩主の居城《きょじょう》・川越城の中にありました。そのため、通行の監視《かんし》はとても厳《きび》しいものでした。子供のお宮参《まい》りへは城門の門番に三芳野神社の御札《おふだ》を見せ、中に入る許《ゆる》しをもらってお参《まい》りに向かいます。ですが御札《おふだ》を納《おさ》めてしまった帰り道、その監視《かんし》はさらに厳《きび》しくなりました。ビクビクしながら城門を出ることは、まさに「帰りは怖《こわ》い」の心境《しんきょう》です。こちらの場合の「細道」は城門から三芳野神社へ向かう参道《さんどう》であり、「天神様」は三芳野神社です。

◆通りゃんせ

多くの童謡《どうよう》と同じく作曲者・作詞者《さくし》共に不詳《ふしょう》とされている。子供の成長を願っておこなわれる儀式《ぎしき》としての「七つ参り」を歌ったものである。

ネット上には「死んだ子供の蘇《よみがえ》りを願う歌」として「通りゃんせ」の2番目の歌詞《かし》があげられている。川越市三芳野神社の敷地《しきち》内には「通りゃんで発祥《はっしょう》の地」の碑《ひ》が建っている。

耳切坊主《みみちりぼうじ》

へいよー　へいよー　へいよー　へい
ゆさんでぃまちかい　うういいね
夕暮《ぐ》れ過《す》ぎて外に出ていると
うふむらうどぅんぬ　じょうなかい
大村御殿《ごてん》の角のところ
みみちりぼうじぬ　たっちょんど
耳切坊主《みみちりぼうじ》が立っているぞ
いくたい　いくたい　たっちょうが
幾人幾人《いくにんいくにん》立っているのか
みっちゃい　ゆったいたっちょんど
三人四人立っているぞ
ぬうとぅ　ぬうとぅ　むっちょうが
何を何を持っているのか
いらなん　かたなん　むっちょんど
鎌《かま》と刀《かたな》を持っているぞ

しいぐゎーん　ほうちょうぐゎーん　むっちょんど
小刀《こがたな》も包丁《ほうちょう》も持っているぞ
なちゅるわらべー　みみぐすぐす
泣《な》いている子供は耳をぐずぐず切られるぞ
へいよーへいよーなーかんど
だからすぐに泣《な》き止んで
へいよー　へいよー　べる　べる　べる

命をかけた碁《ご》の勝負《しょうぶ》

いきなり物騒《ぶっそう》な単語の並んでいる歌詞《かし》ですね。この曲は沖縄県に伝わる童謡《どうよう》です。「みみちりぼうじ」と読みます。実際に起こった事件をもとにして伝わっているものだそうです。

沖縄県那覇市若狭町にある護道院というお寺に記録《きろく》が残されていますが、このようなお話です。

昔、肌《はだ》が黒くそのために黒金座主（クルガニザーシ）と呼《よ》ばれる、位の高いお坊《ぼう》さんがいました。この黒金座主は非常な女好きで、得意の妖術《ようじゅつ》を使っては女性を惑《まど》わし悪さをすると言われていました。この事態《じたい》を重くみた国王は黒金座主ほどの高僧《こうそう》が、なぜにそのような悪行を働くのかと心を傷《いた》め、人民が安心して暮《く》らすために黒金座主を生かしておくわけにはいかないと考えました。しかし相手は強い妖術《ようじゅつ》を使う高僧《こうそう》です。これに対抗《たいこう》できるのは、北谷（ちゃたん）という王子だけだという結論《けつろん》に達しました。国王は北谷王子を呼《よ》び寄《よ》せ、彼に向かってこう命じました。

「黒金座主と碁《ご》をせよ。負けた方の命を取る」

これを受けて、王子は黒金座主に碁《ご》の勝負《しょうぶ》を申《もう》し込《こ》みました。こうして黒金座主と北谷王子の命がけの碁勝負《ごしょうぶ》がはじまったのです。2人とも碁《ご》の腕《うで》には自信がありました。ですが、勝負《しょうぶ》が進むにつれて、だんだんと座主の方が劣勢《れっせい》になってきました。これはマズいと焦《あせ》った座主は、得意《とくい》の妖術《ようじゅつ》を使って王子を惑《まど》わそうとしますが、どうしたことか王子には術《じゅつ》が効《き》きません。

妖怪《ようかい》になった高僧《そう》

ついに勝負《しょうぶ》がつき、黒金座主は北谷王子に負《ま》けてしまいます。王子は座主に向かって「そなたの命までは取ろうとは思わぬ。だが勝負《しょうぶ》の証《あかし》に耳を1つもらって行こう」と、片方の耳を切り落としてしまいました。黒金座主は命拾《いのちびろ》いしましたが、この傷がもとで命を落としてしまいます。

それ以降、2人が勝負《しょうぶ》をおこなった大村御殿《ごてん》の周辺《しゅうへん》で、妖怪《ようかい》となった黒金座主があらわれるようになります。妖怪《ようかい》「みみちりぼうじ」は男の子の耳だけに興味《きょうみ》を持つために、沖縄では男の子が生まれると「大きくて元気な女の子が生まれた」と唄《うた》い、黒金座主に見つからないようにするそうです。

沖縄で今も語り継がれる妖怪《ようかい》「みみちりぼうじ」。唄《うた》に出てくる「大村御殿《ごてん》」とは首里城に向かう道の途中《とちゅう》にあり、現在は移転《いてん》してしまった沖縄県立博物館《はくぶつかん》のあった場所である。しっかりと組まれた石垣《いしがき》が当時の様子を色濃《こ》く残している。歌詞《かし》の「みみぐずぐず」は耳を削《そ》ぐ「ぐずっぐずっ」という擬音《ぎおん》だという。

ロンドン橋《ばし》落《お》ちた

London bridge is falling down,
Falling down, falling down,
London bridge is falling down,
My fair Lady.

ロンドン橋落ちる
落ちた、落ちる
ロンドン橋落ちる
マイフェアレディ。

マザーグースの闇《やみ》

イギリスに古くから伝わるマザーグース・ナーサリーライム(童謡《どうよう》)です。子供の遊び歌で2人の鬼《おに》が手をつないで橋をつくり、他の子供達が輪になって歌に合わせて橋をくぐっていく遊びです。歌の終わりで手をつないだ橋を勢《いきお》い良く落とし、その時につかまった子供がつぎの鬼《おに》となります。

歌詞《かし》の全文が確認《かくにん》できる最も古い資料は1744年に発行された「Tommy Thumb's Pretty Song Book(トミー・サムのかわいいソングブック)」という歌集です。

何番までという決まった形はないようで、4番までで終わる場合もあり、12番まで歌われる場合もあります。この「ロンドン橋」はイギリス・ロンドンを流れるテムズ川にかかる橋です。洪水《こうずい》や戦争により、何度も流されたり壊《こわ》れたりした、ロンドン子の悩《なや》みの種でもありました。

この歌の歌詞《かし》は橋のかけ替《か》えの様子を歌っていると言われています。落ちて壊《こわ》れてしまった橋に対して「木と泥《どろ》でつくれ」「それでは流される」「レンガと漆喰《しっくい》でつくれ」「それでは崩《くず》れる」「鉄と鋼《はがね》でつくれ」「それでは曲がってしまう」「金と銀でつくれ」「それでは盗《ぬす》まれる」「丈夫《じょうぶ》な石でつくれ」と続きます。そして「寝《ね》ずの番を置こう」という歌詞《かし》が登場するのです。「寝《ね》ずの番」単純《たんじゅん》に考えれば「深夜も見張りを続ける監視《かんし》員」ということですが、ここはやはりマザーグースの世界。

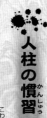

人柱の慣習《かんしゅう》

川にかかる橋が壊《こわ》れたりしないように「人柱」をたて、その人物に橋をずっと守ってもらおうと

言うのです。

「人柱」。科学や技術の進んだ現代では考えにくいことかもしれませんが、生きている人間を川に沈《しず》め、神様として祀《まつ》ることで神秘《しんぴ》の力の恩恵《おんけい》にあずかろうという方法です。これは橋の工事にかかわらず、土木建築《けんちく》の工事において頻繁《ひんぱん》におこなわれている方法でした。もちろん、日本でもおこなわれていました。

年寄《よ》りよりも若い者の方が良いとされ、さらに子供であれば、なお良いとされています。幼《おさな》い魂《たましい》はまだ世の中の悪に染《そ》まっていないので神により近く、また純粋《じゅんすい》なだけに強く「場」を守ってくれると信じられていたからです。

家族のいない若い女性、罪《つみ》を犯《おか》して死刑《しけい》を宣《せん》告《こく》された囚人《しゅうじん》、戦争でとらえられた捕虜《ほりょ》、そして孤児《こじ》。人柱として沈《しず》められてしまっても、どこからも文句が出ず、だれも悲しまない人物。そういった者達が人柱となりました。また「強い霊力《れいりょく》を持つ者」を神とするために、神官や巫女《みこ》を人柱にする場合もあったようです。

ロンドン橋においてもかけ替《か》え工事の際に「人柱」がおこなわれた。と歌は伝えているのです。

◆ロンドン橋

実際にロンドン橋では13世紀に見張り番を置き、この頃《ころ》には橋を渡るために通行税が必要だった。歌詞《かし》に出てくる「My Fair Lady(マイ・フェア・レディ)」は古い歌詞《かし》では「Lady Lee(レイディ・リー)」と歌われる。実在する2人の婦人だとする説、テムズ川に流れ込《こ》むシー川であるとする説がある。

赤《あか》い靴《くつ》

赤い靴《くつ》　はいてた　女の子
異人さんにつれられて
行っちゃった

横浜の　埠頭(はとば)から
汽船(ふね)に乗って
異人さんにつれられて
行っちゃった

今では　青い目に　なっちゃって
異人さんのお国に　いるんだろう

赤い靴《くつ》　見るたび　考える
異人さんに逢《あ》うたび　考える

幻《まぼろし》の5番

1922年（大正11年）に発表された曲で、「日本の歌百選」に選ばれています。作曲は本居長世、作詞《さくし》は野口雨情です。1978年に発見された野口雨情の草稿《そうこう》には、発表されていない幻の5番の歌詞《かし》が存在《そんざい》していました。

生まれた　日本が　恋《こい》しくば
青い海ながめて　いるんだろう
異人さんにたのんで　帰って来（こ）

というものです。

この歌は実際にあった出来事を歌っていると伝えられています。

静岡県出身女性がある時、1人の娘《むすめ》を出産しました。娘《むすめ》の父親はだれなのかわからず、周《しゅう》囲《い》からは「ふしだらな女」「父（てて）なし子を生んだ、だらしない女」と言われ続け、冷《つめ》たい目で見られていました。頼《たよ》れる家族もなかった女性はどうしようもなくなり、新天地を求めて娘《むすめ》といっしょに北海道へ渡り、そこで知り合った男性と結婚しました。当時、北海道には夢と希望と一攫《いっかく》千金をねらって日本各地から人が集まり、助け合うためにさまざまなグループをつくっていました。夫婦もそういった人々のつくったグループに入り懸命《けんめい》に働きました。しかし北海道の厳《きび》しい自然と、その日の食事にも困るような開拓《かいたく》生活の苦しさに疲《つか》れた夫婦は、このままでは新たに生まれた赤ん坊《ぼう》を含《ふく》めた家族4人が共倒《ともだお》れになってしまうと考え、3歳《さい》になった娘《むすめ》を知り合ったアメリカ人宣教師《せんきょうし》の夫《ふ》妻《さい》に預《あず》けることに決めたのです。

さびしく死んだ少女

やがて宣教師夫妻《せんきょうしふさい》は日本を離《はな》れ、アメリカ本国へ戻《もど》ることになります。ですが娘は結核《けっかく》をわずらっていて、いっしょにアメリカにつれて行くことができなくなってしまいます。しかたなく、宣教師夫妻《せんきょうしふさい》は東京・麻布にある孤児院《こじいん》に娘《むすめ》を預《あず》け、自分達はアメリカへと戻《もど》って行きました。孤児院《こじいん》に預《あず》けられた娘《むすめ》は、北海道にいる母親にひと目会うこともできず、9歳《さい》という幼《おさな》さでさびしく死んでしまったのです。

母親である女性は、娘《むすめ》は宣教師夫妻《せんきょうしふさい》といっしょに海を渡り、アメリカで幸せに暮《く》らしているものと信じ、本当は娘《むすめ》が東京で1人苦しんで死んでいったことを知らずに一生を終えました。この話を聞いた野口雨情が、アメリカに渡ったであろう娘《むすめ》のことを思ってつくった歌だと言われているのです。

きっと遠いアメリカの地で、幸せに暮《く》らしているだろう可愛《かわい》い娘《むすめ》。青い目になってしまって、日本のことや母親のことなど忘れてしまったかもしれない。それでも元気でいてさえくれれば。同じ年頃《ごろ》の、赤い靴《くつ》をはいた少女を見るたびに、手を離《はな》してしまった娘《むすめ》のことを考える。でも、もしも、日本のことを覚えていて、戻《もど》りたいと思っているのなら。どうぞ、私のところへ戻《もど》っておいで・・・。

そんな悲しい思いをこめた歌なのです。

赤い靴はいてた
女の子
異人さんに
つれられて
行っちゃった

■過去を変える決断

事故《じこ》を防ぐと言っても、まず何をすればいいんだろう？　ボクは近所の公園まで移動《いどう》すると、ベンチに座って考えこんだ。

確かクニアキの幼稚園《ようちえん》は午後2時に保育時間が終わる。うちは延長《えんちょう》保育をしていなかったから、2時半までに母さんが迎《むか》えに行く。自転車で往復《おうふく》40分の道のりを、その日あったことを話しながら帰ってくるんだって言っていた。

「それなら、時間をずらせば大丈夫《だいじょうぶ》なんじゃないか？」

何か、母さんが幼稚園《ようちえん》に行けなくなるような・・・。母さんはいつもクニアキを送り出してからお昼までパートに行って帰宅《きたく》して、それから幼稚園《ようちえん》に迎《むか》えに行っていたはずだ。それなら今の時間、うちはだれもいない。たとえば、母さんがパートから帰ってくる時間を見計《はか》らって泥《どろ》棒騒《ぼうさわ》ぎを起こせば、2時半に幼稚園《ようちえん》に迎《むか》えに行くことはできなくなるだろう。急な話だから父さんも早退《そうたい》して代わりに迎《むか》えに行くなんてできないだろうし。そうすると、幼稚園《ようちえん》に事情を説明して、しばらく預《あず》かってもらうようになるんじゃないか？

問題の時間に、事故《じこ》にあった場所に近づけさせないようにする。過ぎていく時間の流れの中で、これ以外にボクは、方法を見つけられなかった。

さまようセカイ②

ポケットのスマホを取り出して時間を確認《かくにん》する。表示は10時をちょっと回ったところだった。まだ余裕《よゆう》があるな。そう思って立ち上がろうとしたその時だった。

突然《とつぜん》、地面が揺《ゆ》らいだ気がした。視界《しかい》がグンニャリと曲がる。立っていられなくて、ボクはベンチにしがみついて目を閉じた。頭の中をかき回されるような気持ちの悪さ。吐《は》き気がこみあげてくる。

どのくらいそうしていたのか。ようやく気持ちの悪さが治《おさ》まり、ボクはハァハァと荒《あら》い息をつきながら目を開けた。額《ひたい》にベッタリとした汗《あせ》をかいている。手の甲《こう》で汗《あせ》をぬぐおうとして、まだスマホを握《にぎ》りしめたままだったことに気がついた。

「え・・？」

自分の見ているモノが信じられない。さっきまで確かに10時を少し回ったところだった時《じ》刻《こく》表示は、いつの間にか午後1時になろうとしている。

「時間がとんだ!?」

ほんの一瞬で3時間近く経過《けいか》している。ボクは再び目を閉じて深呼吸《しんこきゅう》した。息を整《ととの》えて目を開ける。もう迷《まよ》っているヒマはない。

（ここは5年前の世界。きっと神様がボクに弟を救えって、時間を動かしてくれているんだ！）

自分の家へ向かって走り出す。家が見えてきたところで足を止め、そこからはゆっくりと歩き出す。うちの周辺《しゅうへん》は、昼間は人通りが少ない。だけど、だれかに不審《ふしん》がられて声をかけられたりしたら、計画が実行できなくなってしまう。それだけは避《さ》けなければ。

自分の家へ向かっているだけなのに、緊張《きんちょう》で息苦しくなる。だれにも会わずに庭に入り込《こ》むと、濡《ぬ》れ縁の下をのぞき込《こ》む。確かここに父さんの工具箱があったはず。

「あった！」

工具箱を引っ張りだすと、中に入っていたドライバーとハンマーを取り出した。あまり大きな音は立てられない。リビングの窓《まど》のカギの部分をねらってドライバーを固定し、ハンマーをふり下ろす。何度目かにハンマーをふり下ろした時、ガラスの砕《くだ》ける音と衝撃《しょうげき》が手に伝わった。

自分が思っていたよりも大きな音だったので、焦《あせ》ってキョロキョロと辺りをうかがってしまった。気を取り直し、自分の腕《うで》が入るくらいの大きさまで穴《あな》を広げると、手を入れてカギを開ける。窓《まど》を開け、靴《くつ》を脱《ぬ》ごうとして考え直し、そのままあがり込《こ》むことにした。

泥棒《どろぼう》らしく見せるには・・・。まずはキッチンへ向かい、戸棚《とだな》の引き出しを全部引っ張り出した。リビングにまとめてあった雑誌《ざっし》や新聞をバラバラにし、2階《かい》の両親の寝室《しんしつ》へ。別に何かを盗《ぬす》むことが目的ではないから、ただ部屋の中を荒らすことだけに集中した。

さまようセカイ②

「母さん、ごめん！　でもクニアキを助けるためなんだ」

と心の中で何度も謝《あやま》りながら、目的をはたしてそっと家を出た。本当は母さんが帰ってくるのを確認《かくにん》したかったけど、こんな所でウロウロしていたら怪《あや》しまれてしまう。制服は目立つため、クローゼットから持ち出してきた父さんのトレーナーを制服の上から着る。

しばらく離《はな》れていたほうがいいだろう。ボクはあてもなく町内をうろついた。ポケットの中には、父さんのトレーナーといっしょに持ち出した数枚《まい》の小銭《こぜに》。

歩きながら考える。もう母さんは帰ってきただろうか。幼稚園《ようちえん》には連絡《れんらく》してくれたのか。警《けい》察《さつ》はもう来ているだろうか。今すぐにでも戻《もど》りたい気持ちを抑《おさ》えて、とにかく足を動かす。まだだ、もう少し後で、野次馬《やじうま》にまぎれて様子を確認《かくにん》できるようになるまで・・・。

これで弟の命は救われる。家族もバラバラにならなくて済《す》むんだ。

途中《とちゅう》でノドの乾《かわ》きを感じて、自販機《じはんき》でお茶を買う。20分ほどうろついただろうか。そろそろ大丈夫《だいじょうぶ》だろう。家を荒《あ》らしてしまった罪悪感《ざいあくかん》と、幸せな未来を思う複雑《ふくざつ》な心境《しんきょう》で自宅へ続く道の角を曲がった。

さまようセカイ②

■予期せぬ未来

家の前にはパトカーが停《と》まり、警察官《けいさつ》が立って周りを警戒《けいかい》している。近所の人達が遠巻《ま》きに集まって、うちの方を心配そうに見つめてはヒソヒソと言葉を交わしている。ただの空き巣被《すひ》害《がい》の通報にしては、何だか気配が物々しい。

野次馬《やじうま》の会話が聞こえる所まで、そっと近寄《よ》っていった。

「強盗《ごうとう》ですって」

「まだ家の中に犯人《はんにん》がいる時に、奥さんが帰ってきたんでしょ？」

「刃物《はもの》で刺《さ》されたらしいわよ」

強盗《ごうとう》？　何のことだ？　家の中を荒らした犯人《はんにん》はボクなのに。どうしてこんな事になっているんだ？

「奥《おく》さん、助かったの？」

「おとなりさんが異変《いへん》に気がついて通報《つうほう》した時には、もう亡《な》くなっていたそうよ」

「イヤねぇ、こんな物騒《ぶっそう》な事件《じけん》が起こるなんて」

どう言うことなんだ？　母さんが死んだ！　なぜ？

そんなはずはない。ボクは母さんを傷《きず》つけたりしない。殺したりしてない。ただ、幼稚園《ようちえん》の時間に間に合わなくなればいいだけだった。

「そうだ、幼稚園《ようちえん》！」

ボクは野次馬《やじうま》の群《むれ》から走り出ると、人気のない所まで移動《いどう》した。スマホを取り出してみたけど、表示は相変《あいか》わらず「圏外《けんがい》」だ。公衆電話《こうしゅう》を探《さが》す。公衆電話《こうしゅう》さえあれば、クニアキの無事を確認《かくにん》できる。父さんが迎《むか》えに行くまで、どうにかして引き止めておかなくちゃ。

普段《ふだん》なら必要性を感じない公衆電話《こうしゅう》。いざ探《さが》すとなると、どこにも見あたらない。

駅前に電話ボックスがあるのを思い出したボクは、どうにかそこまでたどり着いた。焦《あせ》って何度も小銭《こぜに》を落としそうになりながら、幼稚園《ようちえん》の番号を押《お》す。数回のコールの後、柔《やわ》らかい女性の声で返事があった。

ボクは勢《いきお》い込《こ》んで自分の名前を告げると、弟がまだ幼稚園《ようちえん》にいるかどうかを相手の女性に確認《かくにん》した。

「クニアキ君は10分くらい前にお父さんが迎《むか》えに来て帰りましたよ」

ボクは「わかりました、ありがとうございます」と言って電話を切った。

そうか、警察《けいさつ》からの連絡《れんらく》だ。それで父さんは会社を早退して、クニアキを迎《むか》えに来たんだ。

きっと学校にいるはずの「ボク」にも連絡《れんらく》がきているだろう。父さんといっしょなら、クニアキ

さまようセカイ②

は大丈夫《だいじょうぶ》だ。電話ボックスのガラス戸に背中を預《あず》けて、大きく息をしたボクの耳に鋭《するど》いクラクションと激《はげ》しい衝突《しょうとつ》音が飛び込《こ》んできた。電話ボックスの外を、不安げな顔をした人達が走り過ぎる。

「事故《じこ》だって」

「ダンプと正面衝突《しょうとつ》したらしいぞ」

電話ボックスから出たボクは、自然と事故《じこ》現場の方へと押《お》し流されていった。駅前のロータリーから大通りへ出るT字路。事故《じこ》現場には、タイヤの焼《や》けるイヤな臭《くさ》いが充満《じゅうまん》していた。大型ダンプの前面に、ひしゃげた軽自動車がへばりついている。もともと小さな軽自動車が、事故《じこ》の衝撃《しょうげき》で半分ほどの大きさになってしまっている。運転席は完全につぶれていて、中を確認《かくにん》することもできない。

「ああ、こりゃダメだな」

だれかが叫《さけ》んだ。

「助手席に幼稚園児《ようちえんじ》くらいの子が乗ってるのを見たぞ」

幼稚園児《ようちえんじ》？　ボクはその言葉に飛び上がると、事故《じこ》車両がよく見える場所まで人垣《ひとがき》をかき分けて進んだ。どこにでもあるような黒い軽自動車。これといって特徴《とくちょう》のないその車のナンバープレートを見た時、ボクのヒザから力が抜《ぬ》けていく。見慣《な》れたナンバー。「覚えやすい数字だね」と家族みんなで笑った記憶《きおく》のあるナンバー。それが、今目の前で潰《つぶ》れている車についている。じゃあ、この軽自動車は父さんの車で。その車にはクニアキが乗っているはず。どうして幼稚園《ようちえん》から帰ってくるのにこんな道を？　ここは家に帰るのに使う道じゃないはず。病院《びょういん》に行くつもりだったのか、それとも警察《けいさつ》に向かっていたのか、どうして・・・。

■時空のスパイラル

体中の力が抜《ぬ》け、バランスを崩《くず》す。その瞬間《しゅんかん》から周囲《しゅうい》の時間が間延《の》びしたように動き出す。頭の中をかき回されるような不快感《ふかいかん》、こみ上げる吐《は》き気、全身がバラバラになって適当《てきとう》につなぎ合わされるような感覚。

「ちょっと、そんな所でボンヤリして、どうしたの？」

気がつくと、ボクはリビングのドアを開けたところで立ち尽くしていた。室内からは夕飯の支度《したく》をしているらしい音とテレビの音、新聞をめくる音が聞こえてくる。

「そんな所に立ってないで、早く入ってちょうだい」

さまようセカイ②

懐《なつ》かしい母さんの小言。母さんがいる！

リビングへ駆《か》け込《こ》み、キッチンの前に立った。

「母さん！　クニアキは!?」

冷蔵庫《れいぞうこ》をのぞき込《こ》んでいる母さんに問いかける。

「クニアキ？　クニアキはあなたでしょ」

「何言ってるんだよ、ボクの弟のクニアキだよ！」

「あなたに弟なんていないでしょ？　あなたこそ、何言ってるの？」

そう言ってふり返った母さんの顔は・・・。

ボクの知っている母さんじゃなかった。どこのだれだか知らない顔。こんな人、知らない。

「だれ？」

「だれって、いやぁねぇ。自分の母親の顔も見忘れちゃったの？」

知らない女の人は、少し眉間《みけん》にシワを寄《よ》せて言った。

「ちょっとお父さん、この子ったら変なこと言うのよ」

背後から父さんの声がする。おそるおそる視線《しせん》を移動《いどう》させる。そこにいたのは、新聞越《ご》しにボクを見ている・・・知らない男の人。

さまようセカイ②

さまようセカイ②

「おいおい、冗談《じょうだん》にしたって面白《おもしろ》くないぞ、クニアキ」

ボクを『クニアキ』と呼《よ》ぶ、見知らぬ顔をした両親。ここはどこなんだ？

『父さん』の手にした新聞に目を落とす。

「えっ！　なんだこれ？」

新聞の紙面に並んでいたのは、見たこともない文字の列。文章も数字も読めない。あわてて

ポケットからスマホを取り出してみた。なぜかヒビの入った画面に表示されていたのは・・・。

ボクには読めない文字だった。

「クニアキ、本当にどうしたんだ？　具合でも悪いのか？」

心配そうな表情をした『両親』がボクに手を伸ばしてくる。その手をふり払《はら》い、玄関《げんかん》を飛び出

すボクの目の前を、どこかのトラックが走り抜《ぬ》けていった。その車体に描《か》かれた文字も、おと

なりの家の表札《ひょうさつ》に書かれた文字も、ボクには読めないものだった。恐怖《きょうふ》と不安で見上げた空に、

あるはずのないモノを見つけてボクはその場にへたり込《こ》んだ。

空に2つの月が浮《う》かんでいたのだ。

ここは、どこだ？　ボクはどこへ来てしまったんだ？　これからボクは、この世界でどう

やって暮《く》らしていけばいいと言うんだ？

この、どこかわからない【世界】で・・・。

さまようセカイ(了)

第4章

パラレルワールド

パラレルワールド

無数の世界

パラレルワールドとは、「平行世界」「平行宇宙」「並行時空」とも言われる異世界のことです。私たちが暮《く》らしているこの世界とは別の世界で、一般的には決して交わることはないと言われています。

この平行世界は織物《おりもの》の生地や蜘蛛《くも》の巣《す》に例えられます。横糸はそれぞれの時間軸《じく》に存在《そんざい》する無数のパラレルワールドであり、縦《たて》糸はそれぞれの世界につながる分岐《ぶんき》点なのです。

つまり、私たちが日々「選択《せんたく》」してい

る条件によって、この宇宙に存在《そんざい》する無数の世界の中から1つの「現実」を選んでいるという考えです。これは「もしもあの時、こうしていれば」という、選択《せんたく》しなかった別の世界があるということです。しかし私たちは自分たちが属《ぞく》している「現実」しか認識《にんしき》することができません。

まるでSFかファンタジーの物語に出てくるような話ですが、実は物理学の世界では「理論的には」この世界と平行して存在《そんざい》するパラレルワールドへ行くことは可能《かのう》であるという解釈《かいしゃく》もあります。いつか別の世界に行ける日が来るのかもしれません。

もう一人の自分

パラレルワールドについては「今この瞬間《しゅんかん》も世界は無数に枝《えだ》分かれし、増え続けて」いて、「ある時点で自分とはちがう選択肢《せんたくし》を選んだ『もう一人の自分』がどこか別の世界にいる」という考えがあります。実はこの『もう一人の自分』の考えや行動が今の自分の考えや行動に影響《えいきょう》を与《あた》えているのかもしれないという、驚《おどろ》くような発表がオーストラリア・グリフィス大学とアメリカ・カリフォルニア大学の合同研究チームによりもたらされています。この発表によれば、それぞれに存在《そんざい》する別の世界どうしは「反発」しあうことで「ちがう存在《そんざい》」になろうとしていると言います。つまり「それぞれが反発しあうことで双方《そうほう》の世界が重なりあわないようにしている」「世界自身がオリジナルであろうとしている」とも考えられるのです。

たとえば「いつもなら、こんなことはしないのに」

「今日はなんだか、別のことがしたい気分」「今夜はいつもとちがうものを食べてみよう」などというような経験《けいけん》はありませんか？　もしかしたらそれは、別の世界の『もう一人のあなた』が選んだものに対して「反発」している証拠《しょうこ》なのかもしれません。

あなたが選ばなかった「今」を暮《く》らしている「もう一人のあなた」。私たちの知る歴史とは別の歴史の流れの中に存在している世界。そんな世界をもしも自分たちの目で観察《かんさつ》することができたら？　小説や映画の中にしかなかった世界に、実際に触《ふ》れることができる日が近い将来《しょうらい》、やってくるのかもしれません。

◆パラレルワールド

宇宙誕生《たんじょう》の際に発生したビッグバンの結果《けっか》、多方向に向かって放出されたエネルギーにより形成された複数の「世界」が存在《そんざい》するのではないかという仮説《かせつ》によって提《てい》唱《しょう》されている。我々《われわれ》が存在《そんざい》する世界から他の世界を観察することは不可能《ふかのう》であるため、並行世界の存在《そんざい》を否定《ひてい》することも肯定《こうてい》することもできないというのが定説。

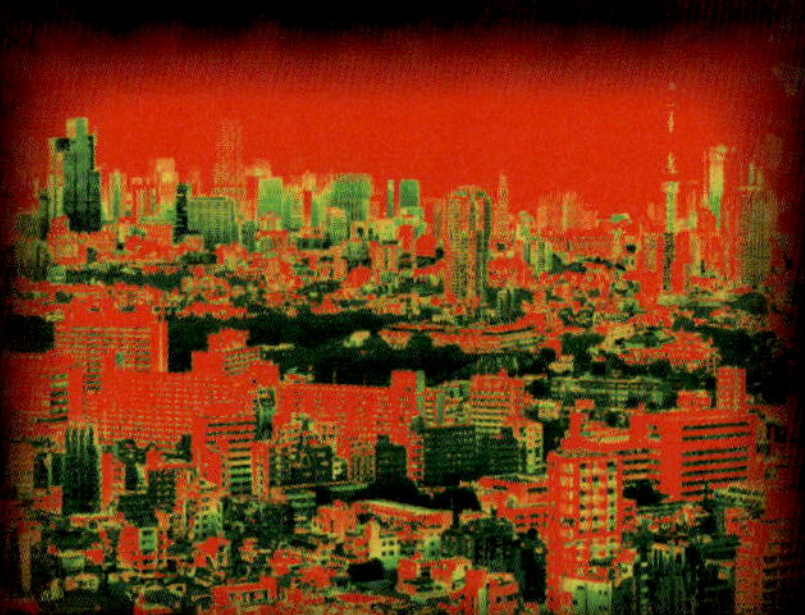

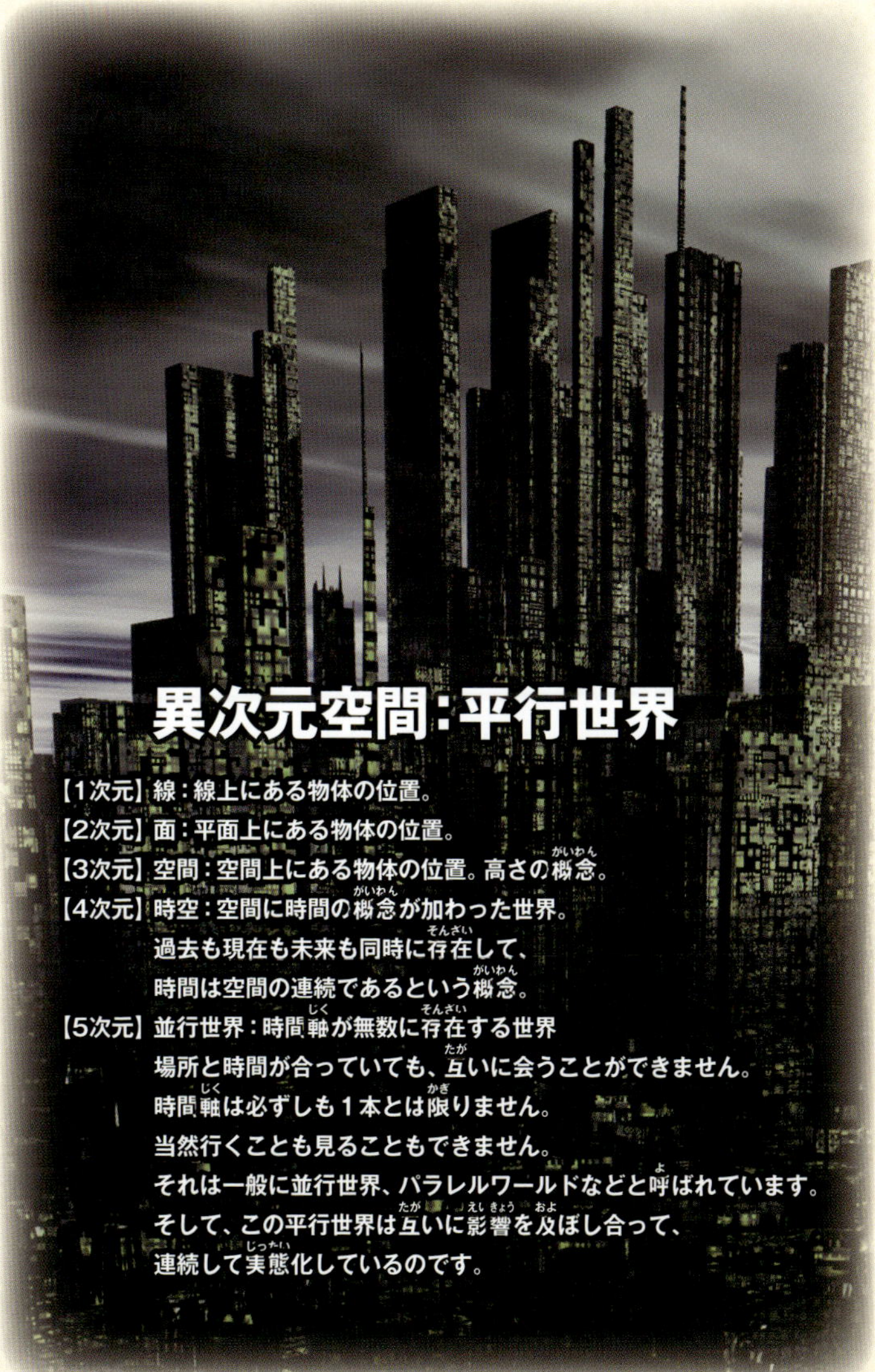

異次元空間：平行世界

【1次元】線：線上にある物体の位置。
【2次元】面：平面上にある物体の位置。
【3次元】空間：空間上にある物体の位置。高さの概念《がいわん》。
【4次元】時空：空間に時間の概念《がいねん》が加わった世界。
過去も現在も未来も同時に存在《そんざい》して、
時間は空間の連続であるという概念《がいねん》。
【5次元】並行世界：時間軸《じく》が無数に存在《そんざい》する世界
場所と時間が合っていても、互《たが》いに会うことができません。
時間軸《じく》は必ずしも１本とは限《かぎ》りません。
当然行くことも見ることもできません。
それは一般に並行世界、パラレルワールドなどと呼《よ》ばれています。
そして、この平行世界は互《たが》いに影響《えいきょう》を及《およ》ぼし合って、
連続して実態《じったい》化しているのです。

異世界《いせかい》に行《い》く方法《ほうほう》

エレベーター

ある10階《かい》建ての古いマンション。噂《うわさ》では取り壊《こわ》しが決まってい て、少数の住人以外はほとんど住んでいないため、だれかに見つかる心配もありません。

土曜日の午後、昼食を終えてからNくんは友人Sくんと学校前で待ち合わせマンションに向かいました。

いくつかの方法で異世界へ行くことができる。そんな情報《じょうほう》を手に入れた2人は、ほんの軽い気持ちで、その中の1つの方法を試してみることにしたのです。

方法の書かれたメモ用紙を見ながら、Nくんはエレベーターに乗り込《こ》みました。

「ほんとうにちがう世界に行っちゃったら、どうする?」

そんなことをしゃべりながら4階《かい》のボタンを押《お》しました。

2階《かい》、6階《かい》、2階《かい》とメモの順番通りにボタンを押《お》して、何事も無く移動《いどう》していきます。

「つぎは5階《かい》だね」

隣《となり》に立っていたSくんが、横から手を伸ばして5階《かい》のボタンを押《お》しました。反射《はんしゃ》的に手の中のメモに目を落とすと、そこには『5階《かい》で若い女の人が乗り込《こ》んでくる。その人には話しかけてはいけない』と書かれていました。2人がじっと見つめていると、エレベーターの窓《まど》から廊下《ろうか》に女性が1人立っているのが見えました。メモの通りになったことにNくんとSくんは気持ちが悪くなり、エレベーターの奥《おく》に固まって立っていました。

つぎは1階《かい》のボタンを押《お》さなくてはいけないのですが、どうしようかと迷《まよ》っているうちに、乗ってきた女性が1階《かい》のボタンを押《お》しました。1階《かい》に向かってエレベーターは降《お》りていくはずですが、なぜか上階《かい》を目指して上がっていきます。女性もそれがあたり前のように何も言わず、動きもしません。

異世界の女性

エレベーターの中は妙《みょう》な緊張感《きんちょうかん》に包《つつ》まれました。女性はドアの前に立ったまま、ずっとうつむいています。するとSくんはおびえたような表情をして、震《ふる》えながら小さく女性を指さしました。そっと女性へ視線《しせん》を移したNくんの耳に、何かつぶやく声が聞こえてきます。でも何を言っているのかはわかりません。日本語でも英語でも、2人が知っているどの国の言葉でもないような気がします。Nくんはその時、エレベーターの中に異臭《いしゅう》がするのに気がつきました。2人は思わず「うっ」と声を出してしまいました。

その声が聞こえたのか、女性がつぶやくのをやめ、ゆっくりとふり返りました。こちらを向いた女性の顔は、絵の具を混《ま》ぜあわせたような色が渦巻《うずま》いていました。

「うわああああ!!!」

大声をあげた時、「ポーン」という音がして9階《かい》でエレベーターが停《と》まりました。ドアが開くと同時に、2人はエレベーターから走り出ました。

結局「異世界へ行く方法」は失敗《しっぱい》してしまいました。しかし、Nくんには不思議《ふしぎ》に思っていることがあるそうです。「9階《かい》でエレベーターが停《と》まった時、だれもその階《かい》のボタンを押《お》していないんです。どうしてエレベーターは9階《かい》で停《と》まったのでしょうか?」

NくんとSくんが見たあの女の人は「異世界の住人」だったのでしょうか? 幸いなことに2人はコチラの世界に帰ってくることができました。くれぐれも興味《きょうみ》本位で試さないようにしてください。運良く途中《とちゅう》でやめられるとは限《かぎ》らないのですから。

異世界を感じる時

異世界へ行っても、元の世界へ戻《もど》れる保証《ほしょう》は有りません。

しかし、日常でもふと周《まわ》りを見た時、違和感《いわかん》を感じたことはありませんか？

今居《い》る世界が、ほんとうに自分が暮《く》らしていた世界なのか？

今までと異なるものを見つけたら、立ち止まって考えてみてください。普段《ふだん》気づかないうちに同じようでも、昨日とはちがう世界にいることに気がついてしまうかもしれません。

周囲《しゅうい》を疑《うたが》ってみましょう。そして、自分自身も・・・。

自分を疑《うたが》うあなたはだれなのでしょう？

山中《さんちゅう》異界《いかい》

日常にある異界

四国に住むMさんは、お母さんが中学生の頃《ころ》に体験《たいけん》した不思《ふし》議《ぎ》な話を聞きました。

Mさんのお母さん・浩子さんは高校受験を控《ひか》えていたある日、気分転換《てんかん》に愛犬のコロといっしょに散《さん》歩《ぽ》に出かけました。田んぼや畑の並ぶ道を歩き、スーパーでジュースを買って帰ってくるのがいつものパターンだったのですが、その時はなぜか、自宅の裏《うら》にある山の方へと入っていったのです。普段《ふだん》とちがう道にコロも一瞬《いっしゅん》戸惑《とまど》ったようでした

が、すぐにグイグイとリードを引っ張って先を歩いていきます。浩子さんは先ほどまでノートの上で格闘《かくとう》していた数学の公式を頭の中でくり返しながら、コロが進んでいく方向へついて行きました。

しばらく歩くと、道が二股《また》に分かれ、一方の道には台風で折《お》れたと思われる細い木が道をふさいでいました。コロが折《お》れた木の方へ近づき、ひょいとそれを越《こ》えてしまったために仕方なく浩子さんもコロの後を追い、倒木《とうぼく》を越《こ》えて先へ進みました。

やがて浩子さんは開けた場所へ出ます。そこは緩《ゆる》やかな下り坂になっていて、その先には町が広がっていました。隣町《となり》に出てしまったのかと考えた浩子さんは、その町で飲み物を買って帰ろうと、坂を下りはじめました。

平行世界

近づくに連れて町並みに見覚えがあることに気がつきました。スーパーの看板《かんばん》も通りの電柱《でんちゅう》に書かれた町名も、いつも見ている自分の町のものでした。しかし、見知った八百屋《やおや》の店内でお客さんと談笑《だんしょう》している女性は、浩子さんの知らない人でした。きっとちがう町なんだと無理やり自分を納得《なっとく》させていましたが、町の景色《けしき》はどう考えても自分が住んでいる場所と同じです。

角のタバコ屋、郵便《ゆうびん》ポスト、飛び出し危険《きけん》の看板《かんばん》。浩子さんの記憶《きおく》と、町の様子はピッタリ一致《いっち》します。だんだんと気持ち悪く感じはじめた浩子さんは、一軒《けん》の花屋さんを見つけました。そこは友人の両親が切り盛《も》りしている花屋さんで、浩子さんも何度か利用したことがあります。

「こんにちは・・・」と浩子さんが思いきって声をかけると、お店の奥《おく》にいた女性が「はい、いらっしゃいませ」と顔を出しました。しかしその人物は、友人のお母さんではありませんでした。

「○○さんのお宅ですよね?」

「はい、そうですよ」

「○○さんのお母さんにお会いしたいんですけど・・・」

「○○の母ですが。娘《むすめ》にご用ですか?」

絶対《ぜったい》に友人のお母さんではない女性が、友人の母だと名乗っているのです。気持ち悪そうに

自分を見ている女性の前から逃《に》げ出すと、自宅の方角に向かって走り出しました。

知っている町なのに、知らない町。商店街を抜《ぬ》けると、田んぼや畑が広がります。その先に自分の家があるはず。

玄関《げんかん》先にたどり着いた浩子さんが、ドアノブに手をかけようとした瞬間《しゅんかん》、ノブがガチャリと音を立てました。とっさに家の影に隠《かく》れると、家の中からあらわれたのは全然《ぜんぜん》知らない人達。

その人達がお父さんの名前を呼《よ》び、お母さんの名前を呼《よ》び、そして浩子さんの名前を呼《よ》んでいました。

何が何だか分からなくなった浩子さんは、その場でうずくまってしまいました。しばらくして、コロの姿《すがた》がないことに気がつきました。あ

わてて立ち上がると、浩子さんはコロを呼びながら元来た道を探しはじめます。

泣《な》き出しそうになりながら山道を登り、あの倒木《とうぼく》の所まで来た時です。倒《たお》れた木の前で、コロがしっぽをふっているのを見て、浩子さんは安心して泣《な》き出してしまいました。再び倒木《とうぼく》を越《こ》えた時、浩子さんはある物を見つけました。木が倒《たお》れた衝撃《しょうげき》で壊《こわ》れてしまったのでしょうか、小さなお地蔵《じぞう》様が割《わ》れて転《ころ》がっていました。

封印《ふういん》それとも入り口？

その後、無事に【自宅】に帰り着くことができた浩子さんは、山の中での経験《けいけん》を家族に語って聞かせました。両親は「夢でも見たのでは」と笑

います。しかし、いっしょに話を聞いていたおじいさんだけが、真剣《しんけん》な顔をして「あの山は昔から『異界』に続いているという噂《うわさ》があった。道を守っていた地蔵《じぞう》さんが割《わ》れて、つながってしまったにちがいない」と話していたそうです。

そこはきっと、『異界』へ通じる入り口だったのかもしれません。

あとがき

SFマンガやアニメではすっかり定番となっている「パラレルワールド」ですが、今回この原稿を書くにあたっていろいろと調べるうちに、「別の世界を確認できるようになるかも」「ちがう次元へ行けるようになるかも」というような研究論文が発表されている事を知り、とても驚きました。いつか遠くない未来、本当に異世界に行く方法が（そして戻って来られる方法が）見つかるとしたら。それってスゴい事じゃないですか？

話は変わりますが、最近「この歌、知ってる？」と聞くと「知らない」という答えが返ってくる事が多くなりました。「都市伝説」も「童謡」と同じく、語り継がれなければいつか消えてしまうものです。「こんな話があるんだって」「この話知ってる？」と語られる事で、新しい物語が生まれるかも知れません。

あなたの知っている「不思議な」話、私にそっと教えて下さいね！

お世話をかけました編集者さま、素敵なイラストを描いて下さった下田麻美さま、本当にありがとうございました。

そしてこの本を手にとってくださったあなた！　あなたへ最大級の感謝を！

またお目にかかれる日を楽しみにしております。

橘　伊津姫

参考サイトURL

「Wikipedia」https://ja.wikipedia.org/wiki/
「知的好奇心の扉　トカナ」http://tocana.jp/
「NAVERまとめ」http://matome.naver.jp/
「カラパイア　不思議と謎の大冒険」http://karapaia.livedoor.biz/
「pixiv 百科事典」http://dic.pixiv.net/
「cryptozoology news」http://cryptozoologynews.com/
「livedoor news」【事実確認】各種ホラー映画の元となった出来事は本当に起きたのか？
http://news.livedoor.com/article/detail/9083427/
「うわごとのとなり」http://www5d.biglobe.ne.jp/DD2/Rumor/ul.htm
「EVER DREAM THIS MAN?」http://www.thisman.org/
「Rocket News24」http://rocketnews24.com/2009/10/15/
「知的好奇心探求倶楽部」http://www.fan.hi-ho.ne.jp/samata/index.htm
「かしまさん関連年表」http://go_raptor.tripod.com/history.htm
「カシマレイコの正体」http://getnews.jp/archives/261495
「都市伝説を読み込もう」http://d.hatena.ne.jp/folkrorement/20111221/1324436839
「AFP BB NEWS」http://www.afpbb.com/
「哲学ニュース nwk」http://blog.livedoor.jp/nwknews/
「音楽研究所」http://www.asahi-net.or.jp/~HB9T-KTD/music/musj.html
「歌詞検索」J-Lyric.net」http://j-lyric.net/
「ぽえむ anecs」http://www.ffortune.net/symbol/poem/
「江戸時代の金額や数値に変換」（京都故実研究会）http://www.teiocollection.com/kansan.htm
「ごんべ〇〇七の雑学村」http://www.mahoroba.ne.jp/~gonbe007/
「ちむぐくる」http://amawari.xii.jp/jinjin/chimugukuru.htm
「スーちゃんの妖怪通信」http://www.rg-youkai.com/
「絶対に話したくなる都市伝説」http://anime-tosidensetu.com/
「世界の民話・童謡」http://www.worldfolksong.com/
「Analog Game Studies」http://analoggamestudies.com/

参考文献

「世界神話事典」大林太良・伊藤清司・吉田敦彦・松村一男　編著（角川書店）
「日本童謡事典」上　笙一郎　著（東京堂出版）

写真素材サイト

「フリー素材屋 Hoshino」http://www.s-hoshino.com/
「PAKUTASO」https://www.pakutaso.com/
「写真素材　足成」http://www.ashinari.com/
「無料写真素材　写真 AC」http://www.photo-ac.com/
「PIXTA デジタル素材」https://pixta.jp

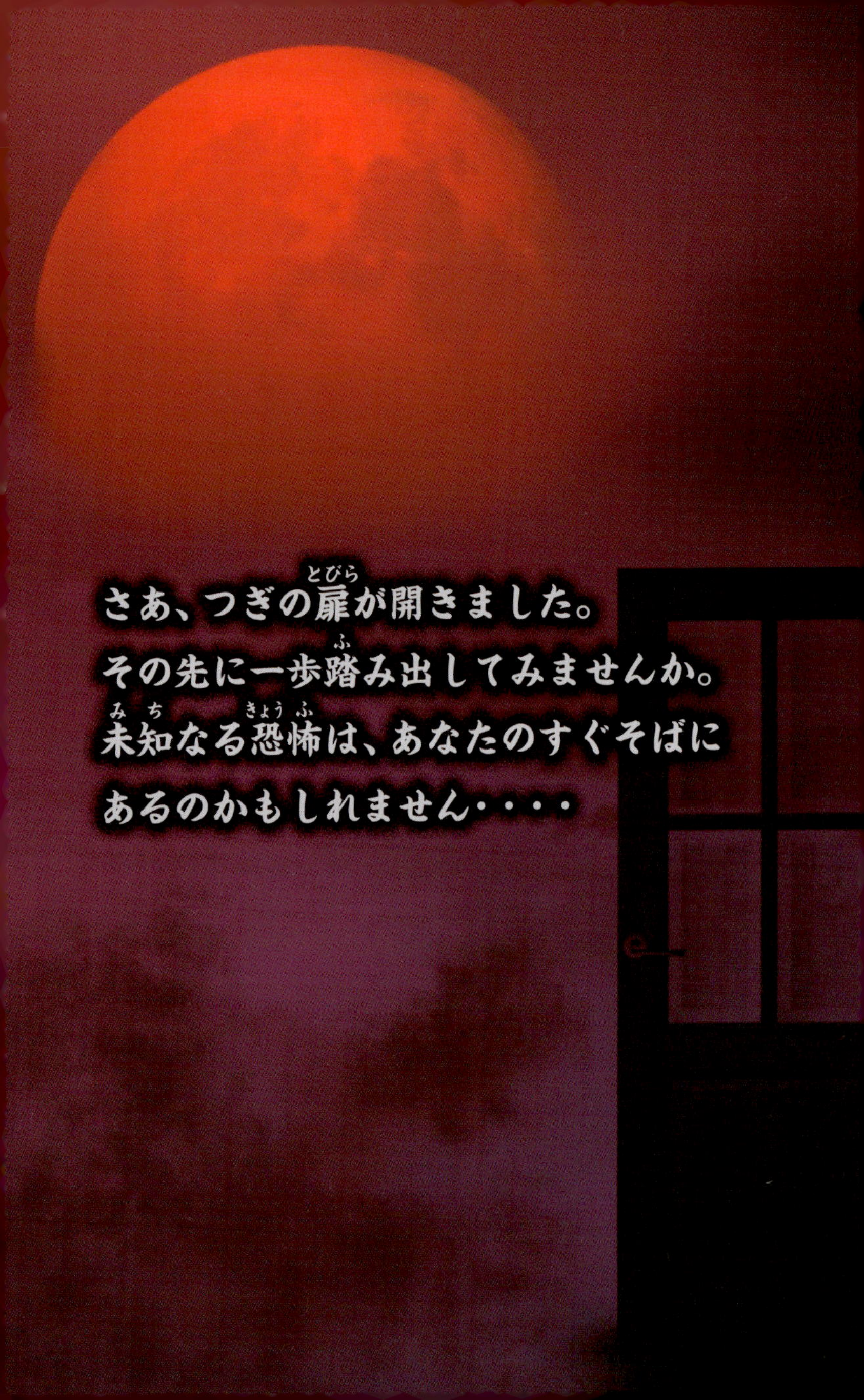
さあ、つぎの扉《とびら》が開きました。
その先に一歩踏《ふ》み出してみませんか。
未《み》知《ち》なる恐《きょう》怖《ふ》は、あなたのすぐそばに
あるのかもしれません・・・・

プロフィール

橘 伊津姫（たちばな いつき）
1971年3月生まれ。埼玉県在住。
幼少期よりオカルト・ホラー・心霊写真などに興味を持ち、ネット上にてホラー小説を公開。
皓月迷宮
http://kougetumeikyu.oboroduki.com/

下田麻美（しもだ あさみ）
東京都青梅市出身。
中央美術学園卒業後、フリーのイラストレーターとして活動。
主に書籍・雑誌などの挿絵を手掛けています。

迷宮招待! 異世界への入り口
パラレルワールド・異空間伝説

2016年1月　初版第1刷発行
2016年7月　初版第2刷発行

著　橘 伊津姫
イラスト　下田麻美
発行者　小安宏幸
発行所　株式会社 汐文社
東京都千代田区富士見1-6-1　富士見ビル1F
TEL:03-6862-5200　FAX:03-6862-5202
URL http://www.choubunsha.com
制作　シゲ事務所
印刷　新星社西川印刷株式会社
製本　東京美術紙工協業組合

ISBN 978-4-8113-2214-8　NDC147.7